ARTHUR DE CLAPARÈDE

EN ALGÉRIE

> *C'est icy un livre de bonne foy, lecteur.... Si c'eust esté pour rechercher la faveur du monde, ie me fusse mieulx paré et me presanterois en une marche estudiée....*
>
> MONTAIGNE.

GENÈVE	PARIS
CH. EGGIMANN & Cie	Librairie FISCHBACHER
Libraires-Éditeurs	33, rue de Seine.

EN ALGÉRIE

OUVRAGES DU MÊME AUTEUR

A TRAVERS LE MONDE : DE CI DE LA. In-12.. Fr. 3.50
AU JAPON. Notes et souvenirs. In-12 ...... Fr. 2.75
CHAMPÉRY, LE VAL D'ILLIEZ ET MORGINS, Histoire et description. 2me édition, revue et augmentée. In-12.
            Fr. 2.50
LA LINNÆA. Un jardin botanique à la haute montagne. In-8º.................................. Fr. 0.80
LA CONSTITUTION ET LES LOIS CONSTITUTIONNELLES DE LA RÉPUBLIQUE ET CANTON DE GENÈVE réunies, coordonnées et mises en regard de la Constitution fédérale. In-8º .... Fr. 3.—
DE LA JURIDICTION DES CONSULATS SUISSES DANS L'EXTRÊME-ORIENT. In-8º .... Fr. 1.—
ANNUAIRE UNIVERSEL DES SOCIÉTÉS DE GÉOGRAPHIE. In-12...... .... Fr. 2.—

EN PRÉPARATION

LA CONSTITUTION ET LES LOIS CONSTITUTIONNELLES DE LA RÉPUBLIQUE ET CANTON DE GENÈVE réunies, coordonnées et mises en regard de la Constitution fédérale. *Supplément contenant le texte de tous les articles constitutionnels nouveaux entrés en vigueur de 1888 à 1895.*
L'ITINÉRAIRE DE CL. RUTILIUS NUMATIANUS. Traduction nouvelle avec une introduction et des notes.

ARTHUR DE CLAPARÈDE

EN ALGÉRIE

C'est icy un livre de bonne foy, lecteur.... Si c'eust esté pour rechercher la faveur du monde, ie me fusse mieulx paré et me presanterois en une marche estudiée....

MONTAIGNE.

GENÈVE	PARIS
CH. EGGIMANN & Cie	Librairie FISCHBACHER
Libraires-Éditeurs	33, rue de Seine.

1896

Tous droits réservés.

A Monsieur MARC DEBRIT

Directeur du *Journal de Genève*.

Cher Maître,

Pour fuir la rigueur d'un hiver passablement sibérien, nous avions quitté Genève le 28 février dernier et, dans la nuit du 3 mars, nous débarquions à Philippeville.

Le lendemain, après une excursion à Stora,

> .... l'occasion, l'herbe tendre, et, je pense,
> Quelque diable aussi me poussant,

je pris la plume et vous adressai, de Philippe-

ville, une lettre suivie bientôt d'une seconde épître, datée cette fois de Constantine, puis de plusieurs autres — seize en tout — que vous avez bien voulu insérer dans le Journal de Genève.

Quelques personnes peut-être trop indulgentes — vous avez été l'une des premières — m'ont engagé, dès mon retour, à publier de nouveau ces lettres[1]. *Au risque d'augmenter le nombre déjà considérable des livres superflus et d'ajouter ainsi une ligne inutile de plus aux catalogues encombrés des libraires, j'ai cédé à leur amicale suggestion — on finit toujours par céder aux suggestions de ce genre-là*

---

[1] Plusieurs de ces lettres ont été reproduites au fur et à mesure de leur publication, en tout ou en partie, et même traduites, dans divers journaux et revues d'Algérie, d'Angleterre, de France, d'Italie et de Russie, ainsi entre autres, dans *The Architect and Contract Reporter,* à Londres, dans l'*Italie,* à Rome, dans le *Journal de Saint-Pétersbourg,* dans le *Christianisme au XIXme siècle,* à Montpellier, etc.

— et j'ai rassemblé, en une gerbe mal liée, ces glanes éparses dans dix-sept numéros du Journal de Genève[1]. *C'est ainsi qu'est né ce volume.*

> Je l'ai fait sans presque y songer :
> Il y paraît, je le confesse,
> Et j'aurais pu le corriger.....

Tel qu'il est, permettez-moi de vous l'offrir en témoignage de mon affectueuse gratitude; aussi bien avez-vous contribué à le faire naître. Il est donc juste que vous en portiez votre part de responsabilité. Car enfin, vous n'eussiez eu qu'à crier haro sur celui qui, sans nul droit, — à la veille d'une session des Chambres fédérales, alors que le compte rendu des débats parlementaires allait manger quotidiennement plusieurs colonnes du Journal de Genève — crut pouvoir s'instituer de

---

[1] En mars, avril et mai 1895.

son chef, pour six semaines, votre correspondant particulier d'Afrique, et ce livre n'aurait jamais été écrit.

Maintenant, le mal est fait, et je n'ai vraiment plus, cher Maître, qu'à former un vœu : c'est que vous puissiez trouver à feuilleter ces pages une partie du plaisir que j'ai pris, je ne dirai pas à les écrire — y a-t-il rien de plus ennuyeux, en voyage, que d'écrire une lettre? si ce n'est d'en faire plusieurs — mais à visiter les lieux qui m'ont, tour à tour, mis la plume à la main.

La Boisserette, près Genève, 6 août 1895.

A. de C.

TABLE DES MATIÈRES

Dédicace v

I. Philippeville. — Premiers aspects. — La « cité de Louis-Philippe ». — Le port. — Stora. — Le théâtre antique de Rusicade 1

II. Constantine. — Effets de neige. — Les quartiers indigènes de Constantine. — Situation topographique de la ville. — Les gorges du Roumel. — Les cigognes. — Le palais d'Hadj-Ahmed. — Un cordonnier peintre. — Le Hamma....................... 11

III. Biskra et le Sahara. — De Constantine à Biskra. — El-Kantara. — Coucher de soleil sur le Sahara. — Arrivée à Biskra. — Promenade nocturne. — Biskra-la-Ville. — Les chameaux. — Le marché. — Arabes et Français. — L'antinomie des races. — Le Ramadan. — Biskra, ville d'hiverneurs. — Climatologie. — Statistique. — Le village nègre. — Le Vieux-Biskra. — Les « Alouettes naïves ». — Danses des Ouled-Naïl. — Fontaine-Chaude. — L'oasis de Sidi-Okba. — La plus vieille mosquée de l'Algérie. — Le désert. — Le col de Sfa. — Sur la route de Touggourt : le bordj de Sâada. — L'oasis de Chetma 25

IV. TIMGAD. — Lambèse et Timgad. — A travers les ruines romaines de Thamugadi. — Les fouilles actuelles. 67

V. SÉTIF. — Sétif. — La Compagnie genevoise des colonies suisses de Sétif. — Les fermes d'El-Bez et d'El-Harmelia. — Mode d'exploitation. — La culture des céréales sur les hauts plateaux. — Villages suisses. — Aïn-Arnat. — Résultats obtenus 87

VI. ALGER ET LE SAHEL. — De Sétif à Alger. — A travers la grande Kabylie : les Portes-de-Fer. — Arrivée à Alger. — La Kasbah : les rues et la population. — Les Maures. — Le Jardin d'Essai. — Le Sahel. — Un couvent de trappistes : l'abbaye de Notre-Dame de Staouéli. — Sidi-Ferruch................ 99

VII. BLIDAH. — Une ville parfumée. — Les orangeries de Blidah. — Le bois sacré. — Un pèlerinage de femmes arabes. — Le cimetière de Sidi-Ahmed-el-Kebir. — Les gorges de la Chiffa............ 125

VIII. DE BLIDAH A ORAN. — A propos de Madagascar. — La route de Blidah à Oran. — Le Chélif... 137

IX. TLEMCEN. — Tlemcen. — Quartier juif. — Djama Kebir. — Les mosquées d'Abou'l-Hassen et de Sidi-el-Haloui. — El-Eubbad. — Le tombeau, la mosquée et la medersa de Sidi Bou-Medin. — El-Ourit. — Les ruines de Mansourah.................... 147

X. ORAN ET LA CAMPAGNE ORANAISE. — Oran. — Mers-el-Kebir et son phare. — Aïn-el-Turk. — La plage des Andalous. — « C'est qu'il pense à Grenade ! » — — Misserghin. — Guiard (Aïn-Tolba). — Une colonie dauphinoise protestante................ 171

XI. DÉPART D'ORAN. CONCLUSION. — Départ d'Oran. — Réflexions à bâtons rompus sur la colonisation en Algérie. — Arabes et Français. — L'Arabe ne paraît pas assimilable. — Faiblesse de l'immigration. — Malaise général et antisémitisme. — Les juifs. — Les protestants. — Les Algériens. — L'œuvre accomplie par la France. — Au lecteur................ 187

I

Philippeville.

I

Philippeville.

Premiers aspects. — La « cité de Louis-Philippe ». — Le port. — Stora. — Le théâtre antique de Rusicade.

Philippeville, ce 4 mars 1895.

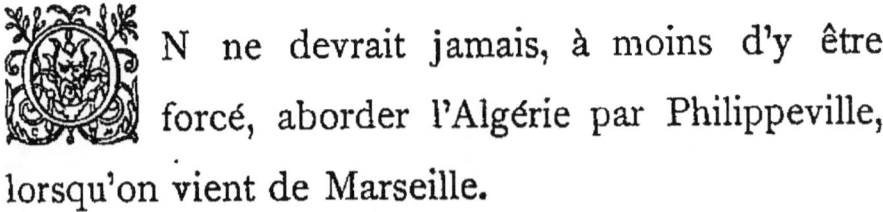N ne devrait jamais, à moins d'y être forcé, aborder l'Algérie par Philippeville, lorsqu'on vient de Marseille.

Et cela pour trois raisons.

Quoique la distance qui sépare les deux villes soit moindre que celle de Marseille à Alger (728 kilomètres au lieu de 772), la traversée est plus longue de quelques heures, les Compagnies de navigation affectant leurs paquebots les plus rapides à la ligne d'Alger, d'ailleurs plus fréquentée. Puis les navires partis le soir de Marseille mouillent le lendemain dans la nuit à Philippeville et l'on perd ainsi, à l'arrivée, le spectacle toujours nouveau sur mer, d'une côte, quelle qu'elle soit, surgissant des profondeurs de l'eau. Enfin, la folle du logis n'abdique jamais entièrement et il est certain qu'on ne va pas en Afrique pour s'y trouver, au débarqué, en pleine France, comme à Mantes ou à Villefranche. Or, Philippeville n'est rien qu'une sous-préfecture française, au propre et au figuré, avec les bâtiments d'administration, les cafés, les boutiques, les rues et la grande place de toute sous-préfecture qui se respecte, avec au milieu le plus banal des kiosques à musique et autour — ceci rachète cela — une double rangée d'assez beaux dattiers dont le vent de mer contrarie pourtant la venue.

Sans ces palmiers, sans les Italiens, les Maltais et les Espagnols qui sont plus nombreux à Philippeville que les Français, et dont le parler sonore emplit les rues, sans les indigènes, Kabyles, Arabes, Maures ou Berranis aux costumes pittoresques qu'on y coudoie clair-semés parmi les Européens, sans la mosquée qui dresse son élégant minaret sur le versant du Bou-Iala, on se croirait ici dans une petite ville de province de la France.

Et cela se conçoit fort bien : la « cité de Louis-Philippe » ne date que de 1838 et n'est point, comme d'autres, le résultat d'une affusion d'éléments européens dans les éléments indigènes existants, ni de la juxtaposition d'une ville française à une ville arabe. Ç'a été une création de toutes pièces. Quelques Kabyles occupaient seuls l'emplacement de l'ancienne Rusicade des Romains. Le maréchal Valée le leur acheta pour trente écus et l'on bâtit un fort, on érigea une ville, on ouvrit un port qui put servir de débouché direct au commerce de Constantine.

La création du port, qui a été la raison d'être de Philippeville, a nécessité des travaux énormes et coûté de nombreux millions. Du moins n'ont-ils pas été infructueux. Philippeville tient aujourd'hui le second rang — Oran a le premier — parmi les ports d'Algérie pour les exportations, et le troisième pour les importations. Malheureusement ce port est tout artificiel : il n'existe que par les deux jetées qui en ferment l'entrée ; il est exposé à tous les vents et, à quelques encâblures de distance, les paquebots de 2000 tonneaux — nous en avons fait l'expérience l'autre nuit — savent danser comme des coquilles de noix sur l'eau d'un bassin.

Il est fort regrettable qu'on n'ait pas songé, à l'origine, à utiliser la rade de Stora, à peu de distance à l'ouest de Philippeville, l'une des plus sûres, dit-on, du littoral algérien, et qu'il eût été aisé de relier à Philippeville par trois ou quatre kilomètres de chemin de fer. Mais ce qui est fait est fait : Philippeville a son port — sa superficie y compris l'avant-port est de cinquante-six hectares — dont l'entretien est ruineux et l'existence toujours précaire, et Stora, que fréquentaient les navigateurs génois du moyen âge et de l'époque de la Renaissance, n'est qu'un village de pêcheurs de sardines, en majorité Maltais ou Italiens.

Ce que Philippeville offre de plus intéressant au regard du touriste, outre sa position très pittoresque au versant de l'Addouna et du Bou-Iala, c'est la route qui conduit à Stora, route hardie, taillée au flanc de la montagne et longeant la mer, qu'elle domine parfois d'une grande hauteur, découvrant ainsi un splendide panorama de la baie, de l'île Srigina à l'ouest au cap de Fer à l'est. Les jardins et les villas se succèdent les uns aux autres; ailleurs, ce sont des pentes boisées d'oliviers et de chênes verts et partout, à profusion, les grandes raquettes des cactus, les feuilles aiguës et menaçantes des agaves, les orangers chargés de fruits, les épis blancs des bruyères et les fleurs bleues des romarins, qui font le plus agréable des contrastes avec la froidure et la neige dont nous jouissions, ou pour mieux dire dont nous ne jouissions pas du tout à Genève ces jours derniers. A Stora, de belles citernes romaines, bien conservées et habilement restaurées, fournissent aux habitants l'eau potable nécessaire à leur alimentation.

Et puisque je parle des Romains, je dois une mention au théâtre antique, le seul vestige ou à peu près, de Rusicade, dans la cité moderne qu'est Philippeville. Il pouvait contenir trois mille spectateurs. L'hémicycle n'est pas mal conservé, mais les gradins n'existent plus. Comme à Taormina, un épais tapis de gazon les a depuis longtemps remplacés, et des pervenches fleurissent sur la précinction du milieu ; mais là s'arrête la comparaison avec le merveilleux théâtre de Taormina. Il ne reste rien de la scène, pas même l'emplacement, occupé aujourd'hui par le mur du collège communal, et ce n'est pas la même chose. En revanche, on a installé dans l'hémicycle un musée archéologique en plein air, où l'on a réuni les antiquités romaines provenant des ruines de Rusicade que la construction de Philippeville a fait mettre au jour. On y voit des débris d'architecture, des inscriptions votives et funéraires, des colonnes de différents ordres et quelques statues, entre autres celle de l'empereur Hadrien, qui achèvent de se détériorer sous l'action des intempéries auxquelles une administration imprévoyante les a exposées.

II

Constantine.

II

Constantine.

Effets de neige. — Les quartiers indigènes de Constantine. — Situation topographique de la ville. — Les gorges du Roumel. — Les cigognes. — Le palais d'Hadj-Ahmed. — Un cordonnier peintre. — Le Hamma.

Constantine, 6 mars.

ES jours se suivent et ne se ressemblent pas.

Avant-hier, à Philippeville, le temps était beau, le soleil ardent et le ciel radieux. C'était le printemps algérien dans toute sa magnificence. Quatre-vingt-sept kilomètres — trois heures et demie — de chemin de fer, et nous sommes à Constantine... Brrr! quel changement! La bise souffle à *décorner des bœufs*. Hier, à sept heures du matin, le thermomètre marquait 3°; à une heure après midi 5°. Bientôt, la pluie commence à tomber, froide et glacée, tant et si bien qu'elle ne tarde pas à se changer en neige et, ce matin, au lever du soleil, Constantine, poudrée à frimas, avait un aspect hivernal des plus curieux. Je me hâte d'ajouter que le blanc tapis, épais tout au plus de deux ou trois centimètres, ne dura pas même l'espace d'un matin; mais les montagnes avoisinantes demeurent couvertes de neiges, la cime chenue du Chettaba vous a des airs de glacier et, si le soleil d'Afrique brille de son plus vif éclat, le thermomètre, à trois heures de l'après-midi, ne dépasse guère 10°. C'est peu : nous sommes à plus de 600 mètres au-dessus de la mer, il ne faut pas l'oublier.

**

La population indigène de Constantine est très

considérable. On ne compte pas moins de 24,500 musulmans et 6,300 israélites indigènes dans la ville, tandis que les Français n'y sont que 12,000, et les étrangers de diverses nationalités, dont un petit nombre de Suisses, environ 3000. Les quartiers indigènes occupent plus des trois quarts de la superficie de Constantine et, même dans la ville européenne, ce sont surtout des Kabyles, des Arabes, des Maures et des juifs que l'on rencontre dans les rues. Rien de piteux comme des Arabes sous la neige. Drapés dans leurs burnous, dont ils serrent un peu plus étroitement les plis, nu-pieds, jambes nues, transis, grelottants, mais impassibles sous les flocons qui tombent, ces pauvres diables qui gèlent visiblement ne se hâtent pourtant pas d'une semelle.

L'animation des rues arabes de Constantine n'est pas l'un des spectacles les moins curieux de cette curieuse cité. Par le temps qu'il faisait avant-hier, il n'en était que plus frappant, mais rien n'égale l'inénarrable saleté de la ville indigène lorsqu'elle est noyée dans la boue et la neige fondante. Il faut y avoir pataugé pour s'en rendre compte. Les rues, invraisemblablement étroites, les impasses tortueuses, les escaliers glissants, les culs-de-sac douteux forment un fouillis à peu près inextricable. La couleur locale qui, sous le pic et la pioche des démolisseurs, disparaît rapidement de la plupart des villes, subsiste en plein à Constantine et il en sera encore longtemps ainsi, grâce à la prédominance numérique de la population indigène. La percée de la rue Nationale qui traverse Constantine d'outre en outre, coupant en deux le quartier arabe, divisé maintenant en deux tronçons inégaux, n'est pas même parvenue à altérer sensiblement la physionomie de la ville indigène que j'ai retrouvée à peu près telle que je l'avais vue il y a dix-neuf ans, lorsque je vins ici pour la première fois. Il faudrait créer tout un réseau de rues pour arriver à modifier le caractère de ces quartiers-là. Souhaitons, pour l'amour du pittoresque, qu'aucun entrepreneur de bâtiments n'en ait l'idée.

* *
*

Quoi qu'il en soit, Constantine aura toujours pour le touriste le charme et l'intérêt que lui donne sa position topographique particulière et peut-être unique en son genre. C'est une vraie forteresse naturelle, un nid d'aigle juché sur le sommet (en plan incliné du nord au sud, à l'altitude de 534-644 mètres) d'une presqu'île de rochers que contourne l'oued Rhummel ou Roumel.

Une grande et profonde anfractuosité sépare la ville des hauteurs voisines. D'un seul côté, à l'ouest, et sur un seul point, Constantine tient à la terre ferme, si l'on peut ainsi dire. C'est par là, sans doute, qu'il y a deux mille ans, les conquérants romains entrèrent dans Cirta, alors capitale des Numides. Devenue chef-lieu d'une province romaine, l'antique cité prit au IVe siècle le nom qu'elle porte encore aujourd'hui. C'est par ce même terre-plein que le corps expéditionnaire français, commandé par le général Damrémont, arrivé devant Constantine le 6 octobre 1837, prit la ville d'assaut le 13, et en resta maître après une lutte opiniâtre. On sait que Damrémont, examinant la brèche le 12 octobre, fut tué par un boulet de canon la veille même de l'assaut.

Un pont en fer, d'une seule arche de cent vingt-sept mètres de longueur, qui a remplacé l'ancien pont romain d'Antonin, écroulé en 1857, traverse le Roumel, à l'est de la ville, à cent vingt mètres au-dessus de l'eau.

Les gorges du Roumel sont trop connues pour que j'essaie de les décrire ici. Elles rappellent à la fois celles du Trient, dans le Valais, et celles de la Tamina, dans le canton de Saint-Gall. Le Roumel, souvent à sec en été, aborde la ville par son extrémité sud. Le cours du torrent, rétréci désormais des trois quarts, coule dans un grand ravin, entre des falaises verticales, nues et sauvages, qui, hautes d'une quarantaine de mètres, dominent de plus en plus ses eaux tumultueuses. Un étroit sentier dit « le chemin des Touristes » ou « la plus belle promenade du monde, » parfois taillé dans le roc vif, parfois suspendu en encorbellement au-dessus de l'abîme, commencé il y a trois ans, permet aujourd'hui de parcourir, — moyennant deux francs par personne et c'est hélas! un rapport de plus avec le Trient! — sur une longueur d'un kilomètre ou davantage, une partie de la gorge autrefois inaccessible.

Sur la rive gauche du torrent, les maisons arabes de Constantine surplombent l'abîme. Des milliers de corbeaux et d'émouchets, des vautours en grand nombre, qui contribuent les uns et les autres à l'assainissement de la ville en faisant disparaître les charognes et les immondices de toute espèce que les Arabes jettent journellement dans le Roumel, volent au-dessus de nos têtes en décrivant de grands cercles dans les airs et en poussant des cris assourdissants.

A la pointe d'El-Kantara, le Roumel s'engouffre sous une voûte naturelle qui le fait disparaître entièrement. Une centaine de mètres plus loin, ses eaux reparaissent en bouillonnant; puis elles disparaissent de nouveau. Le torrent, après s'être ainsi *perdu* trois fois, passe sous une arche naturelle d'une grande élévation, arcade ogivale d'une merveilleuse élégance et d'une régularité à peu près parfaite; puis il se précipite en une cascade écumante avant de poursuivre un cours plus paisible dans la campagne. Les falaises verticales, lorsqu'elles finissent, dominent le Roumel de plus de deux cents mètres. Le spectacle est grandiose et fort heureusement le « chemin des Touristes » ne va pas encore jusque-là. On peut s'aventurer librement — sans avoir à prendre de ticket — sous les rochers, à ses risques et périls.

8 mars.

Les cigognes sont arrivées dans la nuit et c'est ici une manière d'événement. Hier il n'y en avait pas une seule dans le pays. Ce matin l'on en voit de tous côtés dans la ville et dans la campagne, surtout dans les quartiers arabes et dans la banlieue. Debout sur une patte, le cou engoncé entre les ailes, l'air grave et compassé, elles renversent la tête en arrière et claquent du bec à intervalles réguliers.

A Constantine, il n'y a pour ainsi dire pas un édifice un peu élevé, pas un minaret, pas un toit saillant sur lequel il n'y ait quelque grand nid de cigognes fait de branchages et de brindilles grossièrement entrelacées, et qui date parfois de plusieurs années.

Les cigognes, venues d'Europe à l'automne, émigrent en hiver plus au sud pour reparaître avec le printemps. Celles qui reviennent retrouvent leur nid qui est pour les indigènes, autant que l'oiseau lui-même, l'objet d'un respect superstitieux. Ce sont des porte-bonheur auxquels nul ne s'avise de toucher et je crois qu'un Arabe aura beaucoup moins de scrupule à tuer son prochain, — surtout lorsque celui-ci est un chrétien ou un juif — qu'à faire du mal à une cigogne ou à détruire son nid.

9 mars.

Un mot encore avant de quitter Constantine sur l'ancien palais d'Hadj-Ahmed, qui sert aujourd'hui de résidence au général commandant la division et de siège à ses bureaux.

Sans façade et sans portail, comme la plupart des constructions arabes, cet édifice, qui ne date que de ce siècle, a été construit par le dernier bey et achevé peu d'années avant la prise de Constantine, en 1837. Il a les cours traditionnelles des maisons mauresques, avec de beaux arbres et des plantes vertes de toutes sortes, mais ce qui frappe le plus le visiteur, ce sont les fresques décorant les parois des galeries qui font le tour de ces gracieux patios. Ces peintures méritent une mention particulière. Elles sont l'œuvre d'un cordonnier français, prisonnier du bey, qui obtint sa grâce à la condition d'orner, de son pinceau, les murs blancs des galeries du palais alors en construction. Le brave homme était plus accoutumé sans doute à manier l'alène que la couleur. Il accepta néanmoins l'épreuve; l'enjeu était sa vie. Que ne ferait-on pas en semblable occurrence ?

Ces fresques, dont l'exécution est aussi enfantine que la composition naïve, représentent des vues panoramiques de Constantine, d'Alger, de Tunis, du

Caire, d'Alexandrie, de Constantinople, de la Mecque, etc. Les principales cités de l'Islam, ornent ainsi les parois des galeries du palais d'Hadj-Ahmed. Le peintre improvisé consacra sept ans de sa vie à ce curieux travail. Détail à noter : il n'y a pas un seul personnage dans ces fresques, qui sont ainsi conformes à la plus stricte orthodoxie musulmane ; mais la perspective y est aussi absente que la figure humaine.

***

Les environs de Constantine sont plutôt arides. Le pays, très accidenté, est relativement froid et balayé par les vents. Certaines localités font à cette règle d'agréables exceptions : ainsi le Hamma, à dix kilomètres de la ville. Nous y sommes allés hier par la nouvelle route qui, partant du pont (*El-Kantara*) a été taillée dans le roc vif et domine de plus d'une centaine de mètres les eaux bouillonnantes du Roumel et fait ensuite de grands lacets sur le flanc des collines pierreuses avant de descendre dans la vallée du Hamma. C'est une charmante excursion. Une végétation luxuriante, due aux eaux thermales (*Hammam*) qui servent à l'irrigation, forme un contraste absolu avec les environs. La petite rivière, dont la source est distante de sept kilomètres, et qui se jette un peu plus bas dans le Roumel, coule à la température de 33°. Son débit, de 700 litres à la seconde, est suffisant pour donner à de nombreuses usines la force motrice qui leur est nécessaire et pour irriguer douze cents hectares de cultures, jardins maraîchers ou fruitiers et orangeries de grand rapport.

III

Biskra et le Sahara.

III

Biskra et le Sahara.

De Constantine à Biskra. — El-Kantara. — Coucher de soleil sur le Sahara. — Arrivée à Biskra. — Promenade nocturne. — Biskra-la-Ville. — Les chameaux. — Le marché. — Arabes et Français. — L'antinomie des races. — Le Ramadan. — Biskra, ville d'hiverneurs. — Climatologie. — Statistique. — Le village nègre. — Le Vieux-Biskra. — Les « Alouettes naïves. » — Danses des Ouled-Naïl. — Fontaine-Chaude. — L'oasis de Sidi-Okba. — La plus vieille mosquée de l'Algérie. — Le désert. — Le col de Sfa. — Sur la route de Touggourt: le bordj de Sâada. — L'oasis de Chetma.

Biskra, 9 mars.

E matin nous étions à Constantine dans une région montagneuse et froide; ce soir nous sommes en plein Sahara. Il est difficile d'imaginer un contraste plus frappant. On est ici sur le

seuil d'un monde nouveau et, en présence de la multitude des sensations éprouvées, on a peine à faire l'effort nécessaire pour les traduire sur le papier en mettant du noir sur du blanc.

De Constantine à Biskra la distance est de 239 kilomètres, que les trains de la Compagnie de l'Est algérien — on peut dire le train, car il n'y en a qu'un par jour — franchissent en neuf heures.

La route n'est pas dépourvue d'intérêt dans sa première partie, sans offrir cependant rien de bien particulier. Les lacs Tinsilt et Mzouri, entre lesquels passe la voie ferrée battue par l'eau clapotante et salée, font une agréable diversion à la monotonie des collines mamelonnées qui forment les hauts plateaux algériens. Partout des efflorescences salines; le sol en est profondément imprégné. Les sommets couverts de neige de la chaîne de l'Aurès se rapprochent à vue d'œil. La voie monte insensiblement pour atteindre, quelques kilomètres après Batna (1054 mètres), son point culminant, à 1080 mètres. De grands troupeaux de moutons et de chèvres broutent l'herbe rare sur le sol salé et pierreux.

Les gourbis arabes, les huttes en torchis, aux toitures invraisemblables, à la construction desquelles la paille, les tuiles, les vieux burnous, les peaux de bêtes et les planches contribuent simultanément, ont l'apparence de tas de *ruclons* dans un champ. Pays sauvage, très peu habité, d'ailleurs fertile : le blé pousse à plaisir dans les guérets à peine tracés par la charrue arabe, laquelle n'est autre que l'ancienne charrue des Romains qui égratigne la terre sans la retourner.

Puis, la descente commence. Le sol convulsé a l'air toujours plus inhospitalier. La voie ferrée suit tantôt de près, tantôt de loin, le cours de l'oued Kantara, qui zigzague à travers les rochers rouges avant de s'engager dans une gorge étroite que semblent fermer deux hautes murailles verticales de roches bizarrement découpées, dont la silhouette tourmentée limite l'horizon du côté du sud. Nous sommes à la station d'El-Kantara, ainsi dénommée du pont que les Romains ont construit sur l'oued et qui, restauré, subsiste encore aujourd'hui.

Le train se remet en marche, passe par trois petits tunnels, et brusquement l'on a devant soi les premiers palmiers de la première oasis du Sahara algérien. C'est un véritable coup de théâtre. Après l'aridité des rochers les plus sauvages et des collines caillouteuses, la végétation luxuriante des dattiers échevelés par le vent. Au lieu de l'horizon restreint de la vallée, la plaine immense, ondulée, montueuse par endroits, et qui paraît sans limite.

Puis l'oasis et les *dacheras* en torchis groupées dans l'enceinte en pisé de la forêt de palmiers, qui ne compte pas moins de soixante-seize mille arbres en plein rapport, disparaissent au regard. La plaine rougeoie sous les rayons du soleil couchant, une coloration fantastique s'étend sur les rochers, qui prennent des teintes de braise ardente; le désert, d'où la végétation n'a d'ailleurs point encore disparu, devient incandescent et, tandis que les collines lointaines s'estompent de violet, le soleil se perd dans un rayonnement de pourpre. Cependant l'horizon verdoie de lueurs chatoyantes, la lune monte au firmament, et c'est à sa douce clarté que nous arrivons à Biskra, muets d'admiration devant ce premier crépuscule saharien.

Même date, plus tard.

Une bouffée d'air tiède et balsamique, tout imprégné d'un parfum de cassies, telle a été ma première sensation en descendant de wagon à la gare de Biskra. Cette odeur me hante et le nom de Biskra sera toujours pour moi lié à celui de ces fleurs.

Nous nous sommes installés à l'hôtel Victoria qui est situé à l'entrée de la ville et après le dîner, nous avons fait une promenade.

La lune bientôt pleine brillait à l'orient dans un ciel sans nuages. Nous allons au hasard dans les rues. Nous arpentons les allées solitaires d'un grand parc. Les sons d'une musique militaire frappent nos oreilles. Nous nous dirigeons du côté d'où ils paraissent venir et, sur une place plantée d'arbres qui dans la nuit prennent des proportions gigantesques, nous voyons un rassemblement nombreux. C'est la retraite, en musique et aux flambeaux — ou plutôt aux lanternes — dont les compagnies de discipline en garnison à Biskra donnent le spectacle chaque samedi à la population de l'endroit. L'orchestre exécute ainsi plusieurs morceaux devant l'hôtel de ville ; puis les fifres des tirailleurs algériens se font entendre et la troupe se met en marche aux accents de la musique arabe aux modulations aiguës et bizarrement rythmées.

Nous continuons notre promenade nocturne. La ville semble déserte. Dans les rues sombres glissent les grandes ombres blanches des Arabes drapés dans leur burnous. Nous errons ainsi longtemps au hasard. Voici des terrains vagues, des routes tracées qui attendent des maisons. Le chemin que nous suivons aboutit à un mur. Il s'y trouve une porte entr'ouverte. Nous poussons l'un des battants et nous franchissons le seuil.

Où sommes-nous ?

La forêt de dattiers s'étend à l'infini devant

nous, calme et silencieuse. Les rayons de lune filtrent discrètement à travers les palmes qui projettent sur le sol des ombres fantastiques. Sans nous en rendre compte nous avons traversé toute la ville et sommes entrés dans la vaste palmeraie de l'oasis dont Biskra-en-Nokkel (Biskra aux palmiers) porte le nom.

14 mars.

La ville neuve de Biskra n'est pas située, comme on se le figure en général, dans l'oasis de ce nom. Elle lui est seulement contiguë et occupe un périmètre assez étendu entre la gare au nord et les premiers palmiers de l'oasis au sud. Ses rues, qui se coupent à angle droit, forment une agglomération d'îlots de maisons n'ayant la plupart qu'un rez-de-chaussée ou tout au plus un étage avec un toit en terrasse. Le tout est construit en briques séchées au soleil, comme les maisons arabes, et passées au lait de chaux d'une blancheur éblouissante ou parfois teinté de rose pâle. Beaucoup de maisons ont des arcades sur la rue, toutes ou presque toutes des cours intérieures.

L'hôtel de ville, de très récente construction, avec ses coupoles, ses galeries, ses arcades, ses colonnettes, ses moucharabieh, tient à la fois du style mauresque et de celui de la renaissance. Avec l'hôtel Royal ou, pour l'appeler par son nom, le *Royal hotel* et le casino des Étrangers — car Biskra a déjà son kursaal, où l'on joue aux *petits chevaux* — c'est le plus bel édifice de la ville. Les promenades publiques plantées de palmiers, de cassies odorantes, de gommiers, de poivriers et d'autres essences tropicales sont abondamment irriguées et bien entretenues. Le fort Saint-Germain, qui occupe toute la partie nord-est de la ville, est en amont de l'oasis : un barrage qu'il commande est établi de façon à pouvoir arrêter les eaux réunies de l'oued Kantara et de l'oued Abdi, dont la jonction forme l'oued Biskra. Le fort tient ainsi en main la destinée de l'immense forêt de palmiers et de tous les habitants qui vivent à leur ombre. En cas d'insurrection des Arabes, on réduirait sans peine l'oasis à merci en la privant d'eau.

Le centre du mouvement, le foyer principal de la vie indigène, est, pendant le jour, au marché, vaste halle en partie couverte où l'on vend un peu de tout. Une foule grouillante d'Arabes ou de Biskris nègres, parmi lesquels apparaissent, *rari nantes*, quelques Européens ou Européennes, y circulent du matin au soir.

C'est de là que partent les caravanes qui vont à Touggourt, à Ouargla ou au Souf et c'est là qu'arrivent les convois venant du sud. Le spectacle est fort curieux. Les chameaux, qui sont d'ailleurs des dromadaires et n'ont qu'une bosse — on ne connaît pas ici le véritable chameau à deux bosses de la Bactriane — beuglent horriblement lorsqu'on les charge. Ils beuglent même par avance dès qu'ils voient le chamelier s'approcher d'eux avec un fardeau. Ce n'est qu'après une résistance désespérée — qui se traduit par des cris lamentables et discordants et un air furieux — qu'ils consentent à s'agenouiller pour recevoir leur charge. La tête renversée en arrière, ils ouvrent une large bouche et montrent leurs longues dents noires. Il ne fait pas bon s'approcher d'eux à ce moment, car leur morsure est redoutable. Mais ils sont philosophes et savent se résigner à l'inévitable. Une fois la charge arrimée sur leur dos, ils poussent encore quelques beuglements plaintifs, se relèvent en deux temps et quatre mouvements et les voilà partis, marchant l'amble et balançant la tête de droite et de gauche. S'il le faut ils chemineront ainsi douze ou quinze heures de suite.

On trouve au marché de beaux et bons légumes, des cédrats, des oranges, des citrons, du blé, de l'orge, des montagnes de dattes sèches ou confites, de la viande et de la graisse de mouton, de l'huile, des étoffes de laine, des burnous, des poires à poudre, des nattes d'alfa, des lézards vivants ou empaillés, etc.

Ces lézards sont de deux espèces qui diffèrent également de leurs congénères d'Europe. Le plus commun est le lézard des palmiers ou dobb qui ne mesure pas plus de trente centimètres de longueur au maximum. Il est de couleur grise, plus ou moins foncée, a les yeux jaunes, la peau lustrée et finement mouchetée, la queue aplatie, épaisse et recouverte d'écailles épineuses, rappelant celles de certains tatous. Les Arabes mangent sa chair et se servent de sa peau pour faire des boîtes ou des sachets. Nous avons vu aussi, mais en plus petit nombre, l'énorme lézard du désert, le varan ou ouaran qui vit dans le sable dont il a la couleur et diffère du dobb autant par la forme de sa queue mince et allongée que par ses dimensions. C'est un espèce de monitor dont la taille dépasse fréquemment un mètre et qui vous a un faux air de crocodile bon enfant.

Les objets de fabrication touareg se voient aussi au marché ; mais ils sont rares, ainsi les calebasses en peau de mamelle de chamelles, de formes bizarres, qui ne ressemblent à rien et dont le prix est assez élevé, et les coussins en cuir, faits de morceaux curieusement tailladés au couteau. On peut y acheter encore des colliers, dont les grains très aromatiques, en forme d'osselets, sont faits des excréments de gazelles et de civettes, mélangés de benjoin et de clous de girofles; mais les Arabes ne s'en défont pas volontiers. Ce sont des objets auxquels ils tiennent et ils n'aiment pas à les voir passer en des mains étrangères : « Pourquoi, demandait dernièrement à un Arabe, une Française fixée à Biskra, pourquoi me dis-tu que ce collier vaut dix francs? Il n'en vaut pas deux? — Parce que tu es une *roumi* (chrétienne), et que je ne veux pas que tu l'achètes ! »

Cette réponse est caractéristique et vaut d'être notée. On voit par là ce qu'il faut penser de l'assimilation des Arabes aux Européens. La vérité est malheureusement que les deux races sont aujourd'hui à peu près aussi étrangères l'une à l'autre qu'au lendemain de la conquête. Il y a juxtaposition : il n'y a point de fusion entre elles. Sans doute elles vivent maintenant en bons termes : les rapports journaliers sont cordiaux et ne manquent souvent pas de bonhomie apparente, grâce au tutoiement qui est d'usage réciproque. Mais, au fond de son cœur l'Arabe songe toujours à jeter le Français à la mer, et si une insurrection générale ne semble plus à craindre présentement, une antinomie n'en persiste pas moins qui paraît irréductible entre le vaincu et le vainqueur. Et comment en pourrait-il être autrement ?

**

Rien n'égale le mépris du Français pour l'Arabe si ce n'est le dédain ou l'indifférence de l'Arabe pour le Français. Leurs atomes crochus sont recourbés en sens inverse et ne sauraient se prendre les uns aux autres. L'Arabe est né nomade ; il est le pasteur des troupeaux qui parcourent les vastes plaines ; il est le cavalier qui franchit les grands espaces. Il vit sous la tente, il est chamelier et traverse le désert en caravanes. Il dédaigne également le commerce — apanage du juif — l'industrie et le travail de la terre, bons pour le *roumi*. « Là où entre la charrue, a dit Mahomet, entre aussi la honte ! » Et l'Arabe aux yeux duquel tout travail de quelque nature qu'il soit, est toujours humiliant, a le plus large mépris pour l'Européen qui travaille, au lieu de faire travailler sa femme, dont il fait, lui, une véritable esclave. C'est elle qui doit tout soigner et tout entretenir. L'homme pendant ce temps ne fait rien.

Sa conception du monde moral n'est pas la même que la nôtre. « Tu ne sais pas seulement museler ta femme ! » dit l'Arabe au Français, dont il voit la compagne, le visage découvert dans la rue, et c'est là une abomination à ses yeux. Puis l'Arabe est sobre et ne boit que de l'eau, l'Européen boit du vin et se grise. « Que ces chrétiens sont donc singuliers » disait un Arabe, qui assistait à un bal à Alger, « ils dansent eux-mêmes au lieu de payer des gens pour le faire à leur place ! » Ce n'est là, si l'on veut, qu'un détail, mais un détail bien caractéristique. Enfin, et avant tout, c'est la religion qui a creusé un fossé infranchissable entre les deux races.

L'Arabe est profondément religieux : l'incrédulité n'existe pas chez lui ; il est croyant, et volontiers il considère le chrétien comme un être sans religion ou qui a honte de sa foi. Alors que lui, l'Arabe, fait ses dévotions sur la grande route sans nul souci du qu'en dira-t-on, l'Européen ne fréquente guère ses églises : il y fait seulement aller sa femme, qu'il attend à la sortie. Le mahométisme a donné à l'âme de l'Arabe une trempe spéciale. Outre que sa religion lui prêche la guerre sainte contre l'infidèle et que l'état de paix ne saurait être à ses yeux qu'une trêve, les pratiques musulmanes exercent une influence considérable sur sa vie. Pratiques extérieures, dira-t-on. Eh! sans doute : mais qui ne sait la discipline morale à laquelle les pratiques peuvent astreindre celui qui consent à s'y soumettre ? En veut-on un exemple ?

Nous sommes présentement dans le mois de Ramadan du calendrier de l'Islam : c'est le carême mahométan, le mois du jeûne, un jeûne sérieux, de stricte observance, pour les Arabes qui n'en jouent pas, comme nous faisons de notre Jeûne genevois ou du Jeûne fédéral. Trente jours durant, du matin au soir, tant que le soleil est sur l'horizon, le musulman fidèle ne doit ni manger, ni boire, ni fumer. Or, depuis que je suis ici, je n'ai pas encore vu transgresser cette prescription.

J'ai fréquenté tous les jours le marché. Les Arabes sont accroupis sur leurs talons au milieu de montagnes de victuailles — c'est le supplice de Tantale — qu'ils vendent ou qu'ils achètent, mais auxquelles ils se gardent de toucher eux-mêmes. Vers la fin de l'après-midi, ils commencent à préparer leurs aliments, l'arome du café qu'on pile se répand dans l'air; le jour baisse; l'un bourre sa pipe, l'autre roule sa cigarette; celui-ci, une miche de pain sur les genoux, sa pipe d'une main, une allumette dans l'autre, attend... Les minutes s'écoulent... Soudain le grondement sourd du canon retentit... C'est le signal — et c'est un canon français qui le donne. Alors, c'est vraiment un curieux spectacle. Quinze cents mâchoires s'ouvrent et se ferment à la fois, chacun mettant les morceaux doubles pour rattraper le temps perdu par le jeûne depuis le matin. Plusieurs, partagés entre la faim et l'amour du tabac, fument et mangent simultanément, faisant alterner les cigarettes avec leurs aliments. C'est une goinfrerie superbe, et je n'ai jamais vu gens avaler de la nourriture avec une aussi évidente volupté — cela se conçoit de reste. La nature reprend ses droits et à l'abstinence du jour succèdent de franches lippées qui font souvent des nuits du Ramadan de pantagruéliques orgies.

N'empêche qu'il faut une grande maîtrise de soi pour observer pendant un mois un jeûne de tout le jour aussi strict que celui du Ramadan, et qu'elle doit exercer un empire absolu sur l'âme des fidèles, la foi religieuse capable d'obtenir un pareil résultat.

17 mars.

Biskra est en train de passer en bon rang de ville d'hiverneurs, et les hôteliers de la capitale — je veux dire d'Alger — redoutant la concurrence de la

« reine des Ziban [1], » en sont à la fois marris et jaloux.

Cependant je ne crois pas qu'il y ait péril en la demeure. Quel que soit le charme de Biskra — et il est grand — quelle que soit la douceur de son climat chaud et sec, qui ne le cède en rien à celui d'Alger pendant la saison d'hiver et offre même certains avantages que n'a pas le littoral, Biskra-en-Nokkel a contre lui, d'une part, la distance — il faut deux jours de chemin de fer pour y arriver d'Alger — et d'autre part, le fait — à mes yeux, c'est au contraire une attraction — de n'être qu'une toute petite localité, sans distractions ni ressources, où les oisifs, réfractaires à la poésie du désert, des palmiers et des caravanes, comme aussi à la

---

[1] *Ziban*, pluriel de *Zab*, qui en arabe veut dire village, est le nom donné par les indigènes à trois groupes d'oasis plus ou moins considérables dont Biskra est la principale. Les Ziban sont tous situés au nord du Chott Mel'rir et de l'oued Djeddi. Ils se divisent en Zab-Chergui ou Zab oriental, Zab-Guebli ou du sud, Zab-Dahraoui ou du nord et comptent ensemble plus de 570,000 palmiers.

séduction des *petits chevaux* du Casino, ne savent quoi faire pour tuer le temps. Mais Biskra a pour lui son climat, des eaux thermales qui ne demandent qu'à être utilisées, puis le temps est un grand maître et, de nos jours, il marche vite.

Biskra est situé à l'altitude de 111 mètres par 34°51′9″ de latitude nord et 3°22′ de longitude est (de Paris). C'est dire qu'il peut y faire chaud, voire même très chaud, en hiver, je ne parle pas de l'été, qui y est naturellement torride. Les observations météorologiques faites depuis 1886 donnent pour les sept mois qui vont d'octobre à avril inclusivement une température moyenne de 14°,9. La température moyenne y est en décembre de 9°,6 (c'est à peu près la moyenne de l'année à Genève); en février de 11°,8 et en mars de 15°,6. Mais le pluviomètre, mieux encore que le thermomètre, peut servir à donner la caractéristique du climat de Biskra. Pendant la même saison (du mois d'octobre au mois d'avril inclusivement), qui est la seule période de l'année où il pleuve à Biskra, on a enregistré en moyenne 112 millimètres de pluie. Ce n'est certes pas grand'chose.

Onze centimètres de pluie par an! alors qu'à Genève il en tombe 78, à Lausanne 1^{m}02 et à Montreux 1^{m}28. Encore pour atteindre ce chiffre de onze centimètres a-t-il fallu une année exceptionnellement pluvieuse. Pendant sept ans, de 1877 à 1884, la moyenne annuelle de pluie ne s'était élevée qu'à 77 millimètres.

Le climat de Biskra est donc à la fois d'une grande douceur en hiver et d'une sécheresse remarquable, deux conditions qui semblent prédestiner cette localité à devenir un jour un *sanatorium* et un *solarium* — pour employer le latin de cuisine où tend le français d'aujourd'hui — à l'usage des rhumatisants et de tous ceux qui redoutent l'humidité de nos brumeux climats du nord. Cependant cette belle médaille climatologique n'est pas sans avoir un revers. Ce revers, c'est le vent. Biskra y est largement exposé et de tous les côtés. Les vents y soufflent en rafales violentes, furieuses souvent, parfois en tempête comme sur les côtes de l'Océan ; mais lorsque l'atmosphère est calme, on chercherait vainement un climat plus agréable ; l'air y est pur et léger, et les nuits étoilées y ont cet indicible charme propre aux latitudes méridionales.

Cinq mille cinq cents voyageurs sont venus à Biskra pendant l'hiver de 1893-1894. Cette année-ci, la dureté de la saison et surtout le mauvais état de la Méditerranée ont fortement réduit le nombre des visiteurs.

Biskra, qui est le chef-lieu d'un cercle militaire de la subdivision de Batna, forme une commune de plein exercice de 7166 habitants, dont 502 Français et 184 étrangers, parmi lesquels trois ou quatre Suisses, entre autres le propriétaire de l'hôtel Victoria. Les indigènes sont au nombre de 1806 dans Biskra-la-Ville et de 4557 au Vieux-Biskra.

Ajoutons que Biskra est aussi le chef-lieu d'une commune indigène d'une immense superficie, laquelle ne compte pas moins de 103,763 habitants, dont 56 Français seulement.

※※※

Lorsqu'on sort de Biskra-la-Ville, du côté sud, par la route de Touggourt, après avoir passé devant le *Royal hotel* et le casino, vaste édifice tout battant neuf, construit par la Compagnie de l'Oued Rirh, on trouve à gauche le village nègre, petite agglomération de cases, bâties en briques de terre séchées au soleil, maisons basses, de misérable et sordide apparence, habitées par une population fort pauvre, travailleuse et du plus beau noir.

Tandis que l'Arabe, toujours indolent et paresseux, ne travaille qu'un ou deux jours par semaine pour gagner les quelques sous qui lui permettent de vivre sans rien faire pendant les autres jours, le nègre, au contraire, a le cœur à l'ouvrage et ne boude pas la besogne. Les Biskris nègres sont d'excellents ouvriers.

Plus loin sont les villages arabes du Vieux-Biskra, d'aspect peut-être encore plus humble que le village nègre — dont les maisons éparpillées dans l'immense étendue de l'oasis se groupent en cinq ou six quartiers. On y voit deux mosquées. Du haut de leur minaret on jouit du splendide spectacle de la mer de palmes ondulant sous la brise. L'oasis compte 150,000 palmiers en plein rapport, produisant, bon an mal an, plus de 100,000 hectolitres de dattes, environ 6000 oliviers, des citronniers, des figuiers et quelque peu de culture maraîchère ou de céréales. L'irrigation en est très habilement et pratiquement entendue. Un fossé circulaire pouvant contenir plus de deux mille litres a été creusé au pied de chaque dattier pour recevoir à des jours déterminés la quantité d'eau qui doit lui revenir, car on sait que, selon le proverbe arabe, le dattier demande pour prospérer à avoir « la tête dans le feu et les pieds dans l'eau. » Des rigoles entretenues avec soin amènent l'eau dans les fossés et les font communiquer entre eux.

※ ※ ※

Biskra est l'une des villes où l'on peut le plus

facilement assister aux danses des filles de la tribu des Ouled-Naïl — dont la capitale est à Djelfa — lesquelles ont, comme on sait, acquis depuis des générations l'habitude de courir les villes du littoral et les oasis sahariennes pour y gagner leur dot. Et l'on assure qu'elles trouvent preneur sans difficulté, à leur retour dans la tribu.

Les Ouled-Naïl habitent une rue à elles, près du marché. Le troupier français, né malin, estropiant leur nom, selon la coutume soldatesque qui crée peu à peu un jargon de caserne dans toutes les villes de garnison, a fait d'Ouled-Naïl « alouettes naïves, » ce qui vraiment ne me paraît pas mal trouvé.

L'entrée des cafés indigènes où chantent ces « alouettes » est gratuite. On donne ce que l'on veut. Dans une salle basse, passablement enfumée, mal éclairée par quelques lampes à pétrole, une soixantaine d'Arabes accroupis sur leurs talons écoutent, la cigarette à la main, la musique à la fois lente, criarde, monotone et souvent suraiguë, que fait un orchestre composé d'une guitare nègre, d'un tambourin et d'un verre sur lequel un virtuose arabe exécute des variations imprévues au moyen d'une lame de couteau et d'une fourchette. Des trois instruments, c'est encore celui-ci qui m'a paru le plus harmonieux.

Au son de cette musique, qui ne compte guère que trois notes, danse, très lentement, au milieu de la salle, une Ouled-Naïl vêtue d'une longue robe aux couleurs voyantes. Elle tient une écharpe tendue à la main. La peau de ses bras et de son cou a des reflets de bronze; un léger tatouage réunit ses deux sourcils; de petites étoiles bleues marquent le milieu de son front et les pommettes de ses joues; plusieurs rangs de colliers de sequins ornent son cou et ses cheveux. Des bracelets aux bras et aux pieds, la tête renversée, l'air effronté, l'abdomen saillant et bondissant en mesure sous la robe, cette femme, d'ailleurs laide, danse, ou plus exactement glisse, se meut et se tord en cadence avec de longues ondulations serpentines curieuses à observer. Les Arabes regardent silencieusement ; d'aucuns rient aux éclats.

Il est difficile de rien voir de plus disgracieux et de plus répugnant que les contorsions de ces femmes-caoutchouc. C'est la « danse du ventre, » ignoble et bestiale. Facilement, le spectacle devient obscène et la mère fera mieux de n'y pas conduire sa fille.

J'ai dit que Biskra possède une eau thermale qui pourrait rendre d'utiles services. Les Romains la connaissaient déjà ; d'où le nom de *Ad Piscinam* donné par eux à la localité. Hamman-es-Salahin, ou le bain des Saints, que les Français appellent tout simplement Fontaine-Chaude, est une source sulfureuse légèrement alcaline, très fréquentée par les indigènes et aussi par quelques Européens, encore que l'installation soit moins que primitive. Un grand bassin à ciel ouvert et quatre ou cinq petites piscines sous toit et fermées. C'est tout. On travaille en ce moment à la construction d'un établissement mieux ordonné.

Fontaine-Chaude se trouve à huit kilomètres à l'ouest de Biskra. Un petit tramway traîné par un cheval y conduit trois ou quatre fois par jour, en trente-cinq ou quarante minutes de l'hôtel Victoria. La voie Decauville court dans le désert, suivant les ondulations du sol caillouteux et traverse l'oasis de Beni-Mora, où l'on a installé d'intéressantes pépinières. Ce tramway dans la steppe saharienne ne laisse pas que d'être fort original.

Le débit de la source est de vingt-cinq litres par seconde et sa température, au point d'émergence, de $46°,2$. L'analyse de cette eau permet de croire qu'elle pourrait rendre de grands services pour le traitement des affections cutanées, de la scrofule, de l'arthrite et des rhumatismes. C'est du moins l'opinion de M. le docteur Dicquemare, qui a fait des eaux de Fontaine-Chaude une étude approfondie.

19 mars.

Si Biskra peut à bon droit être considéré comme

le centre politique, économique, industriel et commercial des Ziban[1], Sidi-Okba, dans le Zab-Chergui ou Zab oriental, en est la capitale religieuse.

Sa mosquée, dont la fondation remonte au 1er siècle de l'hégire (VIIme siècle de notre ère), est le plus ancien monument de l'islamisme en Algérie. C'est un lieu de pèlerinage musulman très fréquenté, et le fanatisme religieux est grand parmi les Arabes qui viennent s'y abreuver à la fontaine de la foi et de la science, car Sidi-Okba possède une école de droit musulman réputée qui a produit des docteurs célèbres.

On ne saurait venir à Biskra sans pousser jusqu'à Sidi-Okba, qui n'en est distant que de vingt kilomètres. C'est une intéressante excursion qui peut se faire très facilement, en voiture, dans la journée.

Au sortir de Biskra, la route traverse le lit, sans eau, et d'une largeur démesurée de l'oued du même nom. Lorsqu'on a gravi la berge opposée on est

---

[1] Voir la note de la page 44.

dans la steppe, tantôt aride, tantôt cultivée. On passe à peu de distance des deux oasis de Filiach et de Sidi-Khelil, petits villages au milieu de forêts de palmiers entourées de murs en pisé. La circulation est grande sur la route et en dehors. Des troupeaux de moutons et de chèvres, comptant plusieurs milliers de têtes, paissent de tous côtés.

La route, large d'une dizaine de mètres, est bien tracée et le sol en est assez horizontal et résistant pour permettre aux petits chevaux arabes de ne pas quitter le grand trot pendant vingt kilomètres.

Sidi-Okba est plus chaud que Biskra et la végétation y est plus avancée. Dans le jardin arabe où nous avons déjeuné des provisions que nous avions apportées, les abricots et les figues mesuraient déjà trois ou quatre centimètres de longueur.

Nous nous sommes promenés assez longtemps dans la ville, qui m'a paru située au centre de l'oasis. Les rues en sont étroites et les maisons construites en pisé ont la plus misérable apparence. Seuls, la mosquée, la maison du cheikh et un café tenu par un Français — deux Européens habitent Sidi-Okba au milieu de cinq mille Arabes — sont blanchis à la chaux, toutes les autres constructions ont la couleur grise de la brique de terre crue séchée au soleil.

Nous sommes allés à Sidi-Okba un vendredi. C'est le jour férié des musulmans et le Ramadan bat son plein ; aussi ai-je eu quelque difficulté à pénétrer dans la mosquée où se pressait une foule nombreuse de fidèles ; et devant l'opposition et les murmures menaçants des Arabes, Madame de C. dut renoncer à y entrer.

Plus de trois cents musulmans y faisaient leurs dévotions. Accroupis sur leurs talons, ils se prosternaient à réitérées fois, le front sur les nattes, donnant toutes les marques d'une grande ferveur religieuse. Je leur dois cette justice qu'ils ne me regardaient même pas, encore que j'eusse de la peine à ne leur point marcher dessus, dans le demi-jour du sanctuaire mal éclairé par une ouverture quadrangulaire percée au centre du plafond que soutiennent vingt-six colonnes d'une grande simplicité.

Le corps de Sidi-Okba (qui fut le fondateur de la ville de Kaïrouan en Tunisie) repose dans une koubba, à droite du mihrab au fond de la mosquée. Une inscription du VIIe siècle, en caractères koufiques, rappelle sa mémoire; mais la foule des fidèles était trop dense pour que j'aie pu en approcher. La ferveur religieuse de ces gens-là est telle qu'on peut évaluer sans exagération à deux cent cinquante ou trois cents personnes le nombre des Arabes qui, n'ayant pu entrer dans la mosquée elle-même, faisaient leurs dévotions sous le portique extérieur, se prosternant à l'envi et psalmodiant d'un ton nasillard un verset du Coran: *La Allah illa Allah! Mohammed Rassoul Allah!* [1]

La foule était compacte au point que nous avions grand'peine à passer. C'était un perpétuel va-et-vient de fidèles allant prier ou qui en revenaient. Dans

---

[1] Il n'y a de Dieu que Dieu! Mahomet est le prophète de Dieu!

l'école attenante à la mosquée, vingt-cinq enfants récitaient, à tue-tête et tous ensemble selon la méthode orientale, la leçon que le maître, armé d'une longue gaule, leur indiquait.

Et tandis que le maître regarde les uns, les autres sans se retourner tendent leur main ouverte derrière leur dos tout en disant à demi-voix, entre deux versets du Coran : « Donnez des sordi (sous), Moussieu ! Donnez des sordi, Madame ! »

Un mauvais escalier de cinquante-cinq degrés conduit au sommet du minaret de forme carrée qui va en s'amincissant. On jouit de là d'un incomparable panorama. On a à ses pieds la ville arabe enserrée de toutes parts par les palmiers de l'oasis, puis à l'horizon, du côté du nord, la longue crête du djebel Ahmar-Kreddou (la montagne de la joue rouge), au nord-ouest Biskra et son oasis, que dominent les sommets du djebel Bou Ghezala, et, du côté du sud, le Sahara sans limites.

Mais il faut bientôt nous arracher à cette contemplation et descendre précipitamment l'escalier pour faire place au muezzin qui, d'une voix grave, rappelle aux fidèles l'heure de la prière.

* * *

On croit, assez généralement, que le Sahara algérien est un désert dans l'acception courante du mot. C'est une erreur : le Sahara, vaste mer intérieure desséchée, est une région inculte, mais nullement infertile. Partout où il y a de l'eau, il suffit d'égratigner le sol avec la charrue arabe pour le rendre productif. Le forage de puits artésiens a permis de créer ainsi de luxuriantes oasis, dont le nombre s'accroît rapidement, et, à cette époque-ci de l'année, une partie du Sahara algérien offre l'aspect verdoyant et riche d'une plaine où paissent d'innombrables troupeaux.

Je n'ai vu ici le désert absolu qu'en allant au col de Sfa, à quelques kilomètres au nord-ouest de Biskra et au sud, du côté de Sâada. On parcourt une plaine ondulée de cailloux roulés, aride et inhospitalière au premier chef. Du haut du col, la vue s'étend au nord-est sur une plaine semblable jusqu'à la chaîne de l'Aurès; au sud, c'est l'immense Sahara, semé çà et là de taches noires — les oasis — qui ont fait jadis comparer cette région par Ptolémée à une peau de panthère étendue sur le sol.

Ce fut au commencement du mois de mars 1844 que la première colonne de soldats français venant de Batna atteignit le col de Sfa. On raconte que, saisis d'étonnement à la vue de la plaine sans fin se confondant à l'horizon avec le ciel, les hommes s'écrièrent: « La mer, la mer ! » en jetant en l'air leur shako. Et l'on eut de la peine à les convaincre de leur erreur. Tant est complète l'illusion produite par l'océan des sables.

Mais c'est surtout la route de Touggourt qui donne bien la sensation du désert. Cette oasis est distante de 204 kilomètres de Biskra, dans la direction du sud. J'ai suivi, dimanche dernier, la route des caravanes jusqu'au bordj (poste fortifié) de Sâada, à 28 kilomètres de Biskra. Au sortir de l'oasis la route n'est plus qu'une piste qui zigzague à travers la plaine. Les champs cultivés se font plus rares à mesure qu'on avance. La solitude est absolue. Partout les efflorescences salines blanchissent le sol. Les touffes de plantes naines s'espacent de plus en plus. Çà et là des coloquintes desséchées dont les fruits ronds de la couleur et de la grosseur d'une orange jonchent la terre, quelques maigres romarins, quelques tamaris rabougris. Au bout d'une vingtaine de kilomètres, le sol change de nature : le sable domine, sable jaune, d'une ténuité prodigieuse, paraissant en quelque sorte fluide, et dans lequel les roues de la voiture enfoncent tant et si bien que les marchepieds labourent le sol d'une façon presque continue. Il en sera ainsi durant deux ou trois kilomètres, puis la piste redevient bonne avant d'atteindre le bordj.

La circulation n'est pas aussi active sur cette route que sur celle de Sidi-Okba. Je n'y ai croisé que quelques cavaliers isolés. Par contre, de droite et de gauche, j'ai vu plusieurs troupeaux de chameaux comptant de quatre à cinq cents têtes, et c'est un spectacle si caractéristique qu'il vaudrait réellement la peine de faire seize cents kilomètres, rien que pour voir ces animaux à la démarche lente et compassée, épars dans la plaine immense, sous la garde de bergers aux attitudes statuaires dont la haute taille, grandie encore par leur costume et la solitude, se profile gigantesque sur le ciel bleu du Sahara.

Le bordj de Sâada, première étape de la route de Touggourt, se dresse entièrement isolé dans le désert. C'est une grande enceinte, en briques de terre, garnie de meurtrières formant une vaste cour entre quatre murs. Sur trois faces une galerie couverte, servant d'écurie, sur la quatrième deux ou trois chambres nues où l'on peut coucher et manger, à condition, bien entendu, d'avoir apporté avec soi les objets nécessaires à cet effet. L'eau, comme celle de la plupart des puits sahariens, est saumâtre, ce qui donne au café un goût *sui generis* très particulier. Quelques tentes arabes sont plantées çà et là aux alentours du bordj, et les chiens, toujours nombreux dans les douars, font à mon approche un concert de rauques aboiements. Ici, plus encore qu'ailleurs, le chien n'est pas toujours l'ami de l'homme. C'est un animal hargneux et féroce dont on ne peut avoir raison qu'en lui jetant des pierres.

Même date.

L'oasis de Chetma qui compte quinze mille dattiers est située à huit kilomètres à l'est de Biskra au pied et à peu de distance du djebel Ahmar-Kreddou. Plusieurs sources, dont trois ont un débit considérable, donnent à ses palmiers et aux autres plantations un aspect encore plus luxuriant que celui des jardins de Sidi-Okba. Les maisons en briques crues, comme partout dans cette région, ont en général un étage au-dessus du rez-de-chaussée : aussi les rues du village en paraissent-elles doublement plus étroites. Il y a deux mosquées dans l'oasis, bâtiments sordides qui ne diffèrent en rien extérieurement des autres habitations. L'une sert à la prière du vendredi, l'autre aux dévotions quotidiennes des fidèles. La population compte environ douze ou quinze cents habitants, tous musulmans. Il n'y a ni un juif, ni un Européen à Chetma, mais les nègres y sont assez nombreux. Les étrangers visitent rarement cette oasis : aussi n'avions-nous pas moins d'une quarantaine d'individus à nos trousses, qui ne nous ont pas quittés d'une semelle pendant toute la durée de notre promenade dans le village.

Les aveugles et les gens atteints d'ophtalmie sont nombreux à Chetma, comme dans toutes les oasis du Sahara. L'éclat du soleil, la reverbération éclatante du désert et le vent qui fouette le sable engendrent des maladies d'yeux qu'une saine hygiène et une grande propreté pourraient seules empêcher de devenir fatales. Or, j'ai vu à Chetma et à Sidi-Okba maint enfant de deux ou trois ans, demi-nu, le visage barbouillé de crasse, ayant à l'angle interne d'un œil en suppuration de longues grappes de mouches collées ensemble. Nul n'y fait attention et les pauvres petits eux-mêmes ne paraissent pas plus s'en soucier que leurs parents.

IV

Timgad.

IV

Timgad.

Lambèse et Timgad. — A travers les ruines romaines de Thamugadi. — Les fouilles actuelles.

Batna, 22 mars.

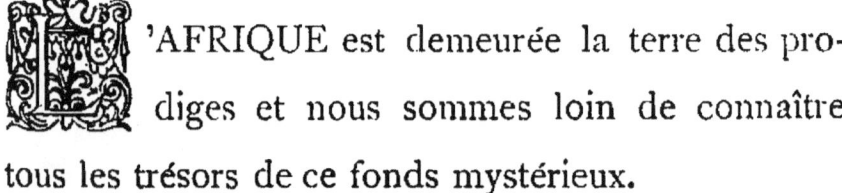'AFRIQUE est demeurée la terre des prodiges et nous sommes loin de connaître tous les trésors de ce fonds mystérieux.

Je viens de voir une merveille : Timgad, une ville romaine dont les ruines occupent une superficie de près de cent hectares. Oubliée de l'histoire pendant quatorze siècles, elle sort maintenant de terre, grâce aux fouilles intelligemment dirigées auxquelles elle donne lieu depuis deux ans et demi ; elle atteste une fois de plus la puissance du peuple-roi.

Partis de Biskra avant-hier à six heures et vingt minutes du matin nous arrivâmes un peu avant onze heures à Batna, petite ville ceinte de murs, située sur les hauts plateaux, secs, déserts, passablement rocailleux par endroits et à peu près totalement dépourvus d'arbres, que nous avons déjà traversés il y a une douzaine de jours.

Le temps de déjeuner à l'hôtel des Étrangers et, en route pour Lambèse (onze kilomètres de Batna), jadis le quartier général de la IIIme légion Auguste, que nous visitons l'après-midi, réservant la journée du lendemain à Timgad.

Le camp romain, qui est peut-être le mieux conservé de tous ceux que l'on connaît, mesurait 420 mètres de largeur sur 500 de longueur. L'enceinte était percée de quatre portes, dont deux subsistent encore aujourd'hui. A l'intersection des grandes voies dallées qui y donnaient accès se trouvait le *Prætorium* ou siège du commandant de la légion. L'édifice date du IIIme siècle de notre ère. C'est un monument quadrangulaire en assez bon état de conservation et qui mesure 23 mètres sur 30. Les façades ont 15 mètres de hauteur actuelle, jusqu'à la corniche. L'intérieur, à ciel ouvert, a été converti en musée, et l'on y a réuni des fragments de statues, les inscriptions, les pierres tombales ou votives trouvées à Lambèse ou à Timgad.

On voit encore aux environs de Lambèse deux arcs de triomphe, l'un assez ordinaire datant du règne de Commode, l'autre, beaucoup plus beau, de celui de Septime Sévère, et les ruines de deux temples consacrés le premier à Esculape et à Hygie, et le second à Jupiter, à Junon et à Minerve ; mais, sauf le *Prætorium*, tout y est très extrêmement ruiné.

Et comment en serait-il autrement ?

Les matériaux de l'antique Lambèse ont servi à construire la ville actuelle de Batna, qui date de 1849, le village de Lambèse situé à côté et en partie sur l'emplacement de la cité romaine, enfin le grand pénitencier, vaste édifice où sont logés neuf cents détenus. On voit que les Vandales ont toujours des successeurs. Lambèse, qu'on appelait alors Lambessa, rappelle les plus mauvais souvenirs du coup d'État du Deux-Décembre 1851. Louis-Napoléon y fit déporter un grand nombre de proscrits républicains. La plupart n'en sont pas revenus.

Mais j'ai hâte d'arriver à Timgad, où nous avons passé hier l'après-midi. La route, large et bien entretenue, passe à Lambèse, zigzague sur les hauts plateaux dont la terre noire est par excellence le sol propre à la culture des céréales. Sauf quelques genévriers rabougris, aux formes bizarres et tourmentées, on ne voit pas un arbre à partir de Lambèse. L'horizon est borné du côté de l'ouest et du sud par les sommets blancs de neige de l'Aurès.

Enfin, après quelque trente-cinq ou trente-six kilomètres de route, notre cocher montrant du bout de son fouet un point de la plaine mamelonnée « Voici Timgad, » dit-il.

Nous regardons.

Dans le lointain, des pierres blanches brillent au soleil sur le plateau désert : on dirait les tombes d'un grand cimetière arabe. D'ailleurs rien qui attire l'attention et l'on conçoit assez bien, en approchant de Timgad, pourquoi ces ruines sont demeurées si longtemps dans l'oubli. On ne les voit pour ainsi dire pas de la route et le pays n'étant pas habité nul n'avait l'idée d'aller chercher ici les vestiges d'une grande cité. Au surplus, les historiens anciens ne parlant guère de cette ville, il n'y avait pas d'amorce à la curiosité scientifique des archéologues.

Nous quittons enfin la grande route pour suivre une mauvaise piste, qu'une nombreuse équipe d'ouvriers est en train de transformer en une bonne chaussée macadamisée et nous descendons de voiture près d'un hangar et d'une maison en construction, futur logement du conservateur des ruines. Nous n'avons mis que deux heures et cinquante-cinq minutes pour parcourir les 38 kilomètres et demi qui séparent Timgad de Batna, aussi, à peine dételés et avant même d'avoir été abreuvés, nos chevaux commencent-ils à s'ébrouer, les quatre fers en l'air, hennissant, se roulant sur le dos et soulevant à l'envi des flots de poussière romaine.

Pendant ce temps nous déjeunons à l'ombre d'un mur par une température de 24 à 25°. Il n'y a pas un nuage au ciel, l'atmosphère lumineuse est d'une indicible pureté et le soleil d'Afrique darde sur nous ses plus chauds rayons lorsque nous nous mettons en devoir de parcourir les ruines de la vieille cité.

Thamugadi[1], improprement appelée Thamugas par quelques historiens, — les Arabes en ont fait Timgad — occupait une superficie de quatre-vingt-dix-huit hectares sur les hauts plateaux, au pied d'un contrefort de l'Aurès, à une altitude de 1100 à 1200 mètres. Il y a quelque vingt ans, M. Playfair, consul général de la Grande-Bretagne à Alger, attira l'attention de ses compatriotes sur ces

---

[1] Θαμούγαδιν (Procope).

ruines ; puis elles tombèrent à peu près complètement dans l'oubli jusqu'au jour où M. Ballu, architecte en chef des monuments historiques de l'Algérie, fit entreprendre, il y a deux ans et demi des fouilles couronnées du plus éclatant succès. C'est à lui qu'on devra la résurrection de Thamugadi.

La « Pompéi algérienne » — le mot est de M. Ballu — date du premier siècle de notre ère. Saccagée par les Vandales au Vme siècle, elle fut détruite au commencement du VIme par les indigènes qui aimèrent mieux démolir la ville que de la laisser tomber aux mains de Salomon, lieutenant de Bélisaire qui commandait l'armée envoyée de l'Empire d'Orient dans cette partie de l'Afrique. Ensevelie sous ses propres ruines et bouleversée plus tard par des tremblements de terre, Thamugadi — ou ce qui en reste — est encore aujourd'hui dans un état de conservation qui surprend.

Deux grandes voies principales dont le dallage, en calcaire bleu d'El-Kantara, a été retrouvé intact sous trois mètres de terre traversaient la cité de part en part, du sud au nord et de l'est à l'ouest. Les dalles de grandes dimensions — elles mesurent souvent plus d'un mètre cinquante de longueur — sont par endroits fortement creusées par le sillon des roues des chars. Les égouts courant sous la voie peuvent encore fonctionner et les *latrinæ publicæ*, avec séparations marquées par des dauphins sculptés en pierre, ont un caractère monumental qu'on ne donne plus aujourd'hui aux kiosques de nécessité.

De nombreux monuments entouraient le forum de la cité. A l'est, une grandiose basilique (38 mètres sur 20), puis la curie et le temple de la Victoire. Un portique, formé d'une élégante colonnade, courait tout autour de la place, interrompu seulement devant la tribune aux harangues, afin de ne pas cacher l'orateur à la foule.

Du forum, un passage conduit directement au théâtre creusé comme celui de Philippeville dans le flanc d'un mamelon élevé. Les rangées inférieures des gradins sont intactes. Il en est de même de l'orchestre et de la scène, dont treize colonnes sur quinze subsistent plus ou moins tronquées. On a retrouvé — sous sept mètres de remblais — les chapiteaux d'ordre ionique, les frises et les architraves y afférentes qui permettront de reconstituer la scène assez exactement.

Quatre mille spectateurs environ pouvaient trouver place au théâtre de Thamugadi. La plus grande largeur de ce monument est de 63 mètres. A Philippeville, le théâtre mesure 82 mètres dans son grand axe ; celui de Taormina en a, sauf erreur, 108.

Le point culminant de la ville était occupé par le Capitole. Là s'élevait un temple, dédié, comme celui du Capitole de Lambèse, à Jupiter, à Junon et à Minerve. Cet édifice, de proportions colossales, était de style corinthien. Un escalier monumental de trente-huit marches y donne accès. La hauteur des colonnes était de quatorze mètres ; leur diamètre inférieur de 1^{m}44. Les chapiteaux seuls mesuraient 1^{m}58 de haut. Quelques-unes de ces colonnes vont être redressées dans la prochaine campagne. De la terrasse du temple, on domine toute l'étendue ou à peu près de la ville. Le sol est partout jonché de débris ; des tronçons de colonnes émergent çà et là.

A peu de distance du Capitole et à l'entrée de la rue dite *Decumanus maximus* qui conduisait à Lambèse, la ville militaire, alors que Thamugadi paraît avoir été un centre de commerce, un majestueux arc de triomphe construit par Trajan en l'an 100, percé de trois portes et décoré de niches, de statues et de colonnes de marbre du style corinthien le meilleur, témoigne encore de la magnificence de cette cité. Il a malheureusement beaucoup souffert des tremblements de terre : pierres et colonnes se sont disjointes et il a fallu soutenir le tout par des arcs intérieurs en maçonnerie.

Mais ce qui m'a frappé le plus vivement à Timgad, ce n'est ni l'arc de Trajan, — j'ai vu des arcs de triomphe aussi beaux à Rome, — ni le théâtre, — j'en connais de plus grandioses, notamment celui de

Taormina, — ni les thermes, encore qu'ils fussent somptueusement installés, avec leurs quatre piscines principales, — les sous-sols sont en parfait état de conservation, — ni le forum, ni la basilique, — d'autres villes romaines possèdent des ruines de ce genre aussi belles si ce n'est davantage — c'est un édifice vulgaire, tout simplement le marché, le *macellum*, fondé au IIIme siècle par une matrone romaine dont la statue existe encore avec l'inscription commémorative de ce fait.

On entre par un portique à huit colonnes, dont les bases seules subsistent aujourd'hui, dans une cour rectangulaire entourée de sveltes colonnes corinthiennes en pierre grise, qui sont des modèles de grâce et d'élégance ; neuf d'entre elles ont pu être entièrement relevées de la base au chapiteau. Au centre est une fontaine, et au fond, qui se termine en hémicycle, on voit les boutiques des vendeurs avec les tables de pierre, sous lesquelles le marchand devait passer pour s'installer dans son échoppe. On a là sur le vif une phase de la vie de tous les jours des anciens Romains. On assiste, par la pensée, aux transactions quotidiennes de l'acheteur et du vendeur, et nulle part ailleurs, ni à Rome, ni même à Pompéi, je n'ai pu reconstituer le marché antique comme à Thamugadi.

J'ai cité le nom de M. Ballu, à l'initiative duquel on doit les fouilles qui se poursuivent présentement à Timgad; mais je me reprocherais de ne pas mentionner aussi le nom de M. Félix Watin, architecte, piqueur-conservateur des ruines, qui dirige les travaux sur le terrain et le fait avec la compétence d'un archéologue passionné. Grâce à son obligeance — il a bien voulu nous servir de cicerone lorsque nous avons visité Timgad — j'ai pu en quatre ou cinq heures, prendre une connaissance trop superficielle sans doute, mais assez nette et précise, de l'ensemble des ruines, et si je suis parvenu à en donner quelque bribe au lecteur, c'est à lui que je le dois. M. Watin a réuni dans un petit musée provisoire, qui n'est pas accessible au public, un certain nombre de pièces rares qu'il nous a permis d'examiner à loisir; ce sont des amphores, des vases et des ustensiles divers, plusieurs fragments de statues d'une rare beauté, des masques tragiques, des monnaies romaines en grand nombre — trois mille six cents pièces sont présentement depuis quatre mois dans le bain d'huile destiné à les nettoyer — une balance romaine authentique, prototype de toutes celles qui portent encore ce nom, avec la série graduée des poids en pierre polie avec bouchons en plomb, etc.

L'épaisseur de la couche de terre et de décombres qui recouvre les ruines de Thamugadi est en moyenne de deux mètres cinquante à trois mètres. Le crédit annuel affecté aux fouilles s'élève à fr. 40,000. D'ici à peu de jours, les fouilles, interrompues pendant l'hiver, reprendront. L'État y emploie les détenus du pénitencier de Lambèse.

Pour les travaux de restauration, M. Watin engage des ouvriers maçons à Lambèse ou à Batna. Jusqu'à présent pas un Français — je finirai par croire qu'il n'y en a point en Algérie — ne s'est présenté. Ce sont toujours des Italiens ou des Tessinois. Ces derniers, m'a-t-il dit, sont de beaucoup les meilleurs, et comme à ce moment là M. Watin ignorait encore qu'il parlât à un Suisse, l'éloge doit être absolument sincère.

On déblaiera cette année la partie de la ville qui s'étend entre les thermes, le Capitole et le marché. Le succès des deux campagnes précédentes fait bien augurer de celle qui va s'ouvrir.

J'ajoute que l'an dernier six cents touristes ont visité Timgad. Il y en aurait sans doute davantage si Batna offrait plus de confort aux visiteurs de passage; mais les hôtels y laissent beaucoup à désirer. Nous n'avons eu cependant qu'à nous louer de l'hôtel de Paris, qui est parfaitement propre, ce qui est l'essentiel, tandis qu'à l'hôtel des Étrangers... je n'insiste pas.

La course prend dix à douze heures, et il faut emporter ses provisions avec soi. Il y a soixante et dix-sept kilomètres à faire entre l'aller et le retour, mais la route est bonne et les chevaux arabes ont du sang... En rentrant le soir à Batna, nos braves bêtes brûlaient le macadam des rues de la petite ville — tout éclairée à l'électricité — avec une ardeur rare chez des chevaux qui ont fait dix-neuf lieues — avec un landau — dans la journée.

*

V

Sétif.

V

Sétif.

Sétif. — La Compagnie genevoise des colonies suisses de Sétif. — Les fermes d'El-Bez et d'El-Harmelia. — Mode d'exploitation. — La culture des céréales sur les hauts plateaux. — Villages suisses. — Aïn-Arnat. — Résultats obtenus.

Sétif, 25 mars.

SÉTIF, sous-préfecture et chef-lieu d'une subdivision militaire de la province de Constantine, est une jolie petite ville, peuplée aujourd'hui de 12,000 habitants, dont 2353 Français, 1164 israélites indigènes, 7808 Arabes et un millier d'étrangers. Elle est située sur les hauts plateaux, à l'altitude de 1068-1096 mètres au-dessus de la mer, au centre de la région des terres à blé, à deux kilomètres et demi de l'oued Bou-Sellam et dans une position stratégique importante. La ville actuelle occupe en partie l'emplacement de l'ancienne *Colonia Sitifis*, qui fut la capitale de la Maurétanie sétifienne aux temps de l'empire romain. Une enceinte percée de quatre portes en fait le tour ; c'est à cette muraille que Sétif doit de n'avoir pas été détruit par les Arabes pendant l'insurrection de 1871 ; au nord, le quartier militaire, très étendu, est occupé par une garnison forte de deux mille à deux mille quatre cents hommes.

L'église catholique, le temple protestant, la mosquée, fort jolie, avec un élégant minaret, le palais de justice et les immeubles de la Compagnie algérienne et de la Compagnie genevoise de Sétif, sont les principaux, pour ne pas dire les seuls édifices de la ville qui méritent une mention. En dehors de la porte d'Alger, sur la promenade d'Orléans, un musée archéologique en plein air a réuni un certain nombre de monuments romains trouvés à Sétif et dans ses environs. Au centre de la promenade, l'armée a érigé, sur une haute colonne antique, un buste en marbre du duc d'Orléans, en commémoration de la fameuse expédition des Portes de Fer. Ajoutons que les rues de la ville, qui se coupent à angles droits, sont, comme celles de Batna, éclairées à l'électricité depuis le mois de septembre dernier.

**
*

Le nom de Sétif est bien connu dans notre pays depuis la fondation de la Compagnie genevoise des colonies suisses de Sétif, société anonyme au capital de cinq millions de francs, qui obtint du gouvernement français, en 1853, la concession de vingt mille hectares de terrain sur les hauts plateaux. Cette Société, qui, d'entreprise de colonisation qu'elle était à l'origine, s'est transformée en exploitation agricole, a passé par des phases assez diverses.

Grâce au talent, à l'énergie, à la persévérance

dont fit preuve son fondateur, le comte François-Auguste Sautter de Beauregard, qui, durant une trentaine d'années, fut président de son conseil d'administration et qui avait en quelque sorte fait de Sétif sa chose, la Compagnie genevoise finit par triompher de toutes les difficultés. C'est aujourd'hui une Société agricole prospère, soumise cependant comme toutes les entreprises de ce genre à plusieurs *alea*, entre autres ceux de la météorologie — la sécheresse est particulièrement à redouter sur les hauts plateaux — et malheureusement les sauterelles, les terribles criquets — un autre fléau du ciel — sont venues parfois mettre à néant les plus belles espérances de récoltes. Néanmoins, les prévisions de Sautter de Beauregard, qui avait une foi inébranlable dans l'avenir de Sétif, se sont pleinement réalisées, et son œuvre se développe de jour en jour. Elle a maintenant, et depuis quelque dix ans, à sa tête, M. Edgar Sautter, en qualité de président du conseil d'administratiou de la Compagnie.

Les propriétés de la Compagnie genevoise, au nombre de vingt-deux, sont toutes situées, sauf les immeubles urbains nécessaires pour les magasins, les bureaux et le logement du directeur et des employés, en dehors de Sétif, et quelques-unes d'entre elles à une assez grande distance. Nous avons visité dimanche la ferme la plus rapprochée, celle d'El-Bez, à trois kilomètres à l'ouest de la ville, sur la rive droite de l'oued Bou-Sellam, et lundi la plus éloignée, El-Harmelia, à seize kilomètres au sud, sur le même cours d'eau. Le premier de ces domaines a une superficie de 679 hectares, le second de 800. Tous deux sont très prospères et bien cultivés ; mais l'aspect en sera beaucoup plus riant dans deux mois. « Brie ou Beauce quand il a plu, Sahara dans les années de sécheresse, » dit, en parlant des environs de Sétif, M. Piesse, dans son *Itinéraire de l'Algérie et de la Tunisie*. La remarque est juste. En ce moment, c'est très certainement la Beauce ; mais la Beauce de la fin de l'hiver. L'orge et le blé n'ont encore que quelques centimètres de hauteur, et les champs, bien que verdoyants, n'offrent pas à l'œil l'aspect plantureux qu'ils auront dans six semaines et que je leur ai vu jadis au mois de mai 1876.

L'oued Bou-Sellam, qui prend sa source sur les flancs du djebel Megris, au nord de Sétif, serpente agréablement dans un vallon peu profond, décrivant de gracieux méandres à travers champs. Dans le lointain, le Megris (1722 mètres) encore couvert de neige; au sud, l'horizon est borné par les montagnes du Hodna, dont un chaînon a tout à fait la configuration du Salève, vu de Genève, alors qu'une montagne isolée, en forme de pain de sucre, le djebel Braham ou Sidi-Brao à l'est, rappelle un peu le Môle. Entre les monts, à l'altitude moyenne de 900 à 1250 mètres, l'immense plaine, fertile et si riche en humus qu'on la cultive avec succès depuis quarante ans *sans engrais*. Les champs d'orge y succèdent aux champs de blé dur. Peu ou point d'arbres, les hauts plateaux n'ayant de végétation arborescente que celle qu'on y a introduite depuis un demi-siècle. Sous ce rapport El-Bez, et surtout El-Harmelia se distinguent avantageusement par les plantations d'arbres qui ont fort bien réussi et qui donnent à ces fermes un aspect beaucoup plus agreste.

Sauf une quarantaine d'hectares de vignes qui donnent d'excellents vins, blanc et rouge, la Compagnie genevoise n'exploite directement aucune de ses propriétés. L'exploitation des terres destinées à la culture a lieu par métayers européens et indigènes. Les jachères sont louées à des fermiers également européens et indigènes. A chaque ferme est attaché un garde particulier européen auquel est généralement adjoint un garde arabe. Le dernier rapport du conseil d'administration montre que le revenu, *par hectare*, des terres exploitées (métayages et fermages réunis) a varié, en 1894, entre 42 fr. 11 et 12 fr. 50. C'est El-Harmelia qui a donné le plus beau résultat. Cela se conçoit, la propriété étant entièrement et facilement irrigable au moyen de l'oued Bou-Sellam.

En 1894, la part de la Compagnie genevoise dans les résultats des exploitations par métayers européens et indigènes a été de 18,403 hectolitres de blé dur et de 4457 hectolitres d'orge, d'une valeur totale de 208,122 francs; le produit des terres affermées s'étant élevé cette année-là à 95,867 fr., le revenu moyen par hectare exploité a été de 21 fr.

La récente découverte de gisements considérables de phosphates de chaux dans la région sétifienne, aux environs de Bordj-Rhedir, est peut-être destinée à révolutionner un jour les procédés de culture en usage sur les hauts plateaux. Actuellement, on y cultive les céréales sans engrais, depuis bientôt un demi-siècle. Ce mode de faire n'est praticable qu'en laissant chaque année le tiers des terres en jachères. Les phosphates dont l'exploitation mène présentement grand bruit en Algérie permettraient de restituer annuellement au sol, sans sacrifices pécuniaires trop considérables, l'azote et l'acide phosphorique dont la culture exclusive des céréales finira par le dépouiller tout à fait, au grand préjudice du rendement de la terre. L'introduction d'assolements par des cultures nouvelles serait aussi d'une capitale importance pour les hauts plateaux. Les résultats obtenus avec la betterave par M. G. Ryf, dans le champ d'essai du Comice agricole de Sétif dont il est le directeur, sont fort intéressants. Le rendement s'est élevé, sans aucune irrigation, à plus de 400 quintaux de betteraves par hectare.

La population installée sur les territoires concédés à la Compagnie genevoise ou à ses colons et sur les acquisitions faites par la Société depuis 1853 s'élevait au 31 décembre dernier à 393 Européens et 3947 indigènes, en tout 4340 habitants.

A six kilomètres d'El-Bez (neuf kilomètres de Sétif), sur la route d'Alger, se trouve Aïn-Arnat, le premier des « villages suisses » créés par la Compagnie genevoise, il y a quelque quarante ans. Je l'ai visité avant-hier. Un certain nombre de familles de nos compatriotes y sont fixées et sont dans de bonnes conditions. Aïn-Arnat a un pasteur et un temple protestants, ainsi qu'un instituteur primaire. En suivant la route d'Alger, à peu de distance d'Aïn-Arnat, on voit à la fois cette localité et deux autres « villages suisses, » Messaoud, aujourd'hui délaissé par nos concitoyens, et Bouhira.

En résumé, la Compagnie genevoise a été longtemps et elle est encore l'un des principaux facteurs de la prospérité de la région des hauts plateaux sétifiens. Elle y a commencé la colonisation à une époque où les Français étaient bien peu nombreux en Algérie ; elle a consacré au développement de ce pays des capitaux considérables alors que les nationaux se tenaient encore à cet égard dans une prudente réserve ; elle a créé des villages qui se sont développés et dont quelques-uns sont devenus des chefs-lieux de commune ; elle a introduit sur ses terres des cultures rationnelles et a été ainsi en excellent exemple aux Européens et aux indigènes de la contrée ; enfin, elle n'a rien négligé de ce qui pouvait contribuer au développement de l'agriculture : c'est ainsi qu'à El-Bez, j'ai vu plus de cinquante charrues de toutes sortes, depuis la charrue arabe, qui gratte à peine la surface du sol, jusqu'aux charrues anglaises les plus perfectionnées et les plus coûteuses.

Les résultats obtenus sont dus pour une bonne part à l'excellente administration, aussi prudente qu'énergique, de M. Edgar Sautter à Genève ; on ne les doit pas moins au directeur actuel de la Compagnie, à Sétif, M. G. Ryf, de Horgen (Zurich), qui, secondé d'ailleurs par un bon personnel, donne, au milieu du laisser-aller trop fréquent chez les Algériens, l'exemple du travail, de l'ordre, de la méthode et de la probité, qui gagnent la considération et imposent le respect.

VI

Alger et le Sahel.

VI

Alger et le Sahel.

De Sétif à Alger. — A travers la Grande Kabylie : les Portes-de-Fer. — Arrivée à Alger. — La Kasbah : les rues et la population. — Les Maures. — Le Jardin d'Essai. — Le Sahel. — Un couvent de trappistes : l'abbaye de Notre-Dame de Staouéli. — Sidi-Ferruch.

Mustapha-Alger, 31 mars.

DE Sétif à Alger on compte 308 kilomètres de chemin de fer. Grâce à la sage lenteur des trains, il faut onze heures et demie pour faire ce trajet.

Ce n'est pas sans regrets que nous avons pris congé, lundi dernier, du directeur de la Compagnie genevoise, M. Ryf, et de sa famille dont l'aimable hospitalité nous a laissé le meilleur souvenir. De la portière de notre wagon, nous revoyons la riche ferme d'El-Harmelia, que nous avions visitée la veille dans tous ses détails — la voie ferrée passe à une petite distance des bâtiments de l'exploitation rurale — les grands dindons picorent dans la cour, et du seuil des tentes, les femmes arabes regardent passer le train qui nous emporte dans la plaine immense, privée d'arbres.

De rares villages, des gourbis et des tentes en interrompent seuls la monotonie. Les montagnes qui ferment le lointain horizon se rapprochent à vue d'œil et bientôt l'on est au cœur de la Grande Kabylie. Plusieurs tunnels ; la ligne zigzague au milieu des collines rocailleuses fortement ravinées et boisées de pins maigres et espacés. Le coup d'œil est pittoresque ; mais on regrette, comme d'ailleurs partout en Algérie, le manque d'eau courante. La voie descend rapidement. A la station de Mansoura, curieux village kabyle perché sur la hauteur, comme ils le sont tous, et qui paraît collé contre la montagne, on découvre subitement les pics couverts de neige du Djurjura.

Voici bientôt les fameuses Portes-de-Fer ou Biban (pluriel de *Bab*, qui, en arabe, signifie porte), défilé franchi pour la première fois, en 1839, par l'armée française commandée par le maréchal Valée et le duc d'Orléans. Les thermopyles de la Grande Kabylie sont doubles. L'armée a passé par la petite porte, à trois kilomètres au nord de la grande trouée dont l'ouverture a été utilisée pour le chemin de fer. La configuration de la chaîne des Biban est fort curieuse. Ce sont des roches verticales grises, noires parfois, entièrement dépourvues de végétation et d'un aspect très rébarbatif. Cela ne ressemble à aucune des montagnes que je connais. Ce n'est point un défilé long et étroit comme celui des gorges de Kerata, sur la route du Chaabet-el-Akra, entre Sétif et Bougie, dans la petite Kabylie, dont l'aspect grandiose rappelle certaines parties de la Via Mala ou du Schyn. Au lieu d'une coupure longitudinale, on a des failles transversales, déchirures violentes, dans lesquelles les conglomérats effrités ayant à peu près disparu, il ne reste plus que des parois de roches lisses, bizarrement découpées, qui font penser aux grands *cañon* de l'Ouest américain. L'érosion des couches argileuses donne parfois aux contreforts dénudés de la montagne l'apparence d'un jeu d'orgues de Titans. Le défilé franchi, on retrouve les collines mamelonnées et moutonnées qui se succèdent les unes aux autres ; partout des pins, des bouquets de thuyas, des genêts aux fleurs jaunes, des romarins buissonnants.

Puis le jour baisse, et l'obscurité de la nuit nous empêche de jouir du coup d'œil des gorges de Palestro, qu'on dit fort belles. Autant que j'ai pu en juger, à la douteuse clarté d'une nuit étoilée, c'est une sorte de Chaabet, au petit pied. Avant que d'y arriver, la voie suit longtemps la vallée de l'oued Sahel, que borne au nord la puissante chaîne du Djurjura, dont les sommets neigeux forment une muraille crénelée qui nous sépare du littoral de la

Méditerranée. Au bordj des Beni-Mansour, dans un site pittoresque, se détache une voie ferrée qui court au nord-est pour atteindre Bougie.

* *
*

L'arrivée à Alger a quelque chose de féerique, la nuit. La longue ligne des becs de gaz du boulevard de la République qui borde le port, reflétée par la mer, paraît quadruple d'étendue dans l'obscurité et, de loin, c'est une illumination fantastique dont le scintillement donne l'illusion d'une cité de cinq cent mille âmes. Je ne sais quel rêve des *Mille et une nuits* flottait dans mon imagination lorsque je revis, après dix-neuf ans, la capitale de l'Algérie.

Le lendemain, en parcourant la ville, j'éprouvai une déception. La blanche El-Djezaïr ne sera bientôt plus qu'une ville française ressemblant à beaucoup d'autres.

Alger, comme on sait, se compose de deux quartiers distincts : la ville arabe et la ville européenne. Or, c'était à prévoir, celle-ci tue celle-là. La ville européenne a pris un développement considérable et s'accroît de jour en jour. Elle occupe toute la partie basse d'Alger, le long de la mer et envahit lentement, mais sûrement, les quartiers arabes, qu'elle étouffe, en les refoulant de plus en plus dans la ville haute. Déjà, elle déborde sur les localités avoisinantes : Saint-Eugène au nord-ouest et Mustapha au sud-est sont aujourd'hui sinon des faubourgs du moins des annexes d'Alger.

La ville proprement dite compte, d'après le recensement de 1891, 81,757 habitants, dont 20,928 musulmans seulement. Avec ses annexes, Alger forme présentement une vaste agglomération urbaine de plus de cent mille âmes.

Nous avons visité l'autre soir, en compagnie du docteur S., les quartiers indigènes, dont les détours n'ont pour lui pas de secrets. Le jeûne du Ramadan avait pris fin la veille, aussi la Kasbah — ce mot qui signifie citadelle s'applique par extension aux quartiers arabes de la ville haute — était-elle en liesse.

Les maisons murées, sans façades, aux petites fenêtres grillées, s'étagent les unes sur les autres, pressées sur le versant rapide de la colline. Dans nombre de ruelles, les moucharabieh font saillie au-dessus du rez-de-chaussée au point de se toucher, formant ainsi de véritables passages couverts. Ces avant-corps sont soutenus par une profusion de poutrelles d'un curieux effet. Toutes les boutiques, toutes les petites échoppes des Arabes sont ouvertes. Les cabarets borgnes qu'on décore du nom de cafés maures regorgent de monde. C'est à qui fêtera le mieux la fin du Ramadan. Ici des nègres dansent la bamboula, tout en chantant, accompagnés par un orchestre invraisemblable. Des Arabes psalmodient leurs mélopées lentes et monotones, musique étrange, toujours la même, et dont l'éternelle complainte évoque l'image de la plaine infinie, sous les cieux sans limites. Çà et là, des femmes aux allures douteuses — ou plutôt qui ne prêtent à aucun doute — circulent silencieusement dans l'ombre des étroits carrefours. Aux moucharabieh de quelques maisons, un trou rond laisse passer un bras nu replié chargé de bracelets et une tête ornée de sequins, immobile dans l'attitude quasi-hiératique de la prêtresse du vice, *quærens quem devoret.*

Pendant plus de deux heures et demie, nous nous sommes promenés dans le dédale de ruelles, d'impasses, de carrefours et d'escaliers dont se compose le quartier de la Kasbah, grimpant de ci, de là, redescendant parfois, suivant des lignes brisées, courbes ou sinueuses, formant un labyrinthe qui semble au premier abord inextricable. Ce réseau est pourtant moins enchevêtré qu'il n'y paraît et, pour peu qu'on tienne compte de l'inclinaison du sol, on retrouvera, grâce à la pente, le fil conducteur. Les ruelles, encore que très étroites, sont d'ailleurs plus larges que dans les quartiers indigènes de Constantine. Elles portent toutes des plaques indicatrices de leur nom, en français. Des becs de gaz y sont établis de distance en distance et les maisons, blanchies à la chaux, parfois lavées de bleu, de rose pâle ou de bistre clair, aux portes basses, cintrées, ornées pour la plupart d'une main ouverte sculptée dans la pierre, sont aujourd'hui toutes numérotées avec soin, comme les immeubles des quartiers français. On le voit, la Kasbah s'européanise grand train et bientôt elle n'aura plus de cachet oriental qu'aux yeux de ceux qui ne connaissent pas l'Orient. Ici, comme ailleurs, il faut se défier des récits des voyageurs.

A l'intérieur des maisons, c'est bien autre chose encore. Les Mauresques de qualité ont maintenant des armoires à glace en palissandre, des commodes en acajou et des pendules qui viennent de Paris. On m'assure même que les jeunes filles arabes commencent — *horresco referens* — à mettre des corsets lorsqu'elles veulent se faire belles pour aller aux bains maures avec leurs amies ou pour faire un pique-nique le vendredi au cimetière d'El-Katar.

2 avril.

Alger, comme je l'ai dit, ne sera bientôt plus

qu'une ville européenne. Sauf les petits Biskris, cireurs de bottes, qui vous harcèlent à chaque tournant, les porteurs d'eau kabyles ou les marchands ambulants, Berranis de toutes les tribus de l'Algérie, on ne voit que peu d'indigènes dans les rues. De plus en plus, les Arabes se terrent, si j'ose dire, dans ce qui leur reste encore de la Kasbah. Et, sans prétendre aucunement refaire ici, après Jean-Jacques, le procès de la civilisation, il me sera permis de regretter que les édiles d'Alger n'aient pas su mieux conserver ce quartier qui était à maints égards unique en son genre. Ne fût-ce qu'au point de vue pittoresque, la Kasbah eût mérité d'échapper aux ingénieurs et aux architectes. Aujourd'hui le mal est fait. Les casernes d'une part, les habitations européennes de l'autre, l'envahissement des juifs, des Espagnols, voire même d'un certain nombre de Français — à Alger, il y en a — finiront par la faire disparaître entièrement. On s'en consolerait si cet envahissement avait eu pour résultat un rapprochement entre vaincus et vainqueurs et avait fait avancer, si peu que ce fût, l'assimilation des races; mais on en est plus éloigné que jamais. Ne pouvant fuir l'Européen, l'Arabe l'évite aussi soigneusement qu'il le peut et revendique, avec hauteur, le droit d'être déguenillé, de mendier et de faire la sieste dans la rue comme don César de Bazan,

....la tête à l'ombre et les pieds au soleil.

« — Fainéant ! lui dit l'Européen qui passe, en le poussant du bout de sa canne. — Chien ! fils de chien ! » répond l'Arabe sans daigner faire un mouvement.

A vrai dire, Alger n'a jamais été une ville arabe. C'était bien plutôt une cité mauresque.

Qu'est-ce donc que les Maures et d'où viennent-ils ?

On a noirci beaucoup de papier sur cette question. Ce qui paraît le plus probable, c'est que les Maures, boutiquiers, artisans, citadins descendent d'Arabes autrefois fixés dans les villes, mais le changement de vie et d'habitudes, le mélange des races favorisé par les guerres, l'esclavage et la polygamie ont fini par faire du Maure un homme fort différent de l'Arabe. D'un caractère doux et indolent, voire efféminé, le Maure est essentiellement sédentaire. Il est à son aise dans la petite échoppe où étouffe l'Arabe et il préfère de beaucoup le trot ou le pas cadencé de sa mule au galop effréné du cheval arabe. Le Maure porte le costume turc et cela le distingue à première vue de l'Arabe dont il a les traits, qui, lui, ne quitte guère son burnous flottant que lorsque celui-ci râpé, effiloché, tombant par morceaux l'abandonne pièce à pièce. Mesquin dans son costume, mesquin dans son allure, le Maure paraît un Arabe engraissé par le commerce et rapetissé par la vie des villes. Il lui manque ce qui caractérise au plus haut degré l'Arabe, même en haillons: la grandeur.

* * *

A Alger, il ne faut pas négliger d'aller faire un tour ou mieux de passer une après-midi ou deux au

Hamma ou Jardin d'Essai, créé au sud de la ville, dès 1832, sous la direction de M. Hardy et supérieurement organisé.

De cinq hectares à l'origine, la superficie du Jardin d'Essai est maintenant de quatre-vingts. Il appartient aujourd'hui à la Société générale algérienne à charge par elle de lui conserver la triple destination de promenade publique, de pépinière pour les végétaux indigènes et de jardin scientifique et d'acclimatation pour les plantes exotiques.

La route passe à l'Agha, traverse Mustapha inférieur, laisse à gauche le vaste champ de manœuvres qui sert aussi de champ de courses et aboutit à cinq kilomètres de la ville à l'entrée principale du jardin. Trois superbes avenues, l'allée des platanes, l'allée des palmiers et l'allée des magnolias et des figuiers multipliants traversent le jardin de part en part. Quelques-uns de ces figuiers (*Ficus Roxburghii*) atteignent des proportions colossales. Leurs branches puissantes poussent de bizarres racines adventives qui les soutiennent comme autant de colonnes et donnent aux plus gros d'entre eux l'apparence de vrais temples de verdure. Ce n'est guère qu'à Ceylan, à Canton ou à Java que j'en ai vu de plus beaux. D'autres allées plantées de bambous, de chamærops et de lataniers coupent les premières à angle droit, divisant ainsi le jardin en rectangles réguliers. Dans la partie sud se trouve un parc anglais avec un lac où abondent les nénufars et d'autres plantes aquatiques.

L'allée des platanes aboutit à un bosquet de dattiers, connu sous le nom d'oasis et que la voie du chemin de fer sépare seule de la mer. On jouit de là d'une vue merveilleuse d'un côté sur Alger, Mustapha, les vertes collines du Sahel, de l'autre sur la baie jusqu'au cap Matifou. C'est au Hamma que le 23 octobre 1541, Charles-Quint fit débarquer ses troupes, fortes de 24,000 hommes. Mais une tempête détruisit une partie de sa flotte dont il eut peine huit jours plus tard à rallier les débris avant de mettre à la voile pour regagner l'Europe et cette expédition n'eut d'autre résultat que de rendre les corsaires barbaresques plus hardis et plus entreprenants. Les éléments n'étaient-ils pas pour eux ?

4 avril.

Si Alger m'a causé quelque déception, si ses charmes sont un peu surfaits par les poètes, qui en disent plus qu'il n'y en a, du moins les environs de la ville sont-ils à la hauteur de leur réputation. On trouverait difficilement un pays où l'on puisse, dans un périmètre aussi restreint, faire un plus grand nombre de promenades et d'excursions intéressantes et variées que dans le Sahel. On n'a réellement que l'embarras du choix.

Le Sahel (rivage) est un massif de collines aux flancs desquelles Alger est adossé. Il est compris entre la mer, au nord, et la plaine de la Mitidja, au sud. L'oued Mazafran le limite à l'ouest, et l'oued Harrach à l'est. Son point culminant, la Bou-Zaréa, ne s'élève qu'à 407 mètres au-dessus de la mer. Le Sahel a été souventes fois décrit. De grands maîtres s'y sont essayés et avec succès : aussi ne me risquerai-je pas à tenter l'aventure après eux. Je dirai toutefois quelques mots de l'une des nombreuses excursions que j'ai faites dans le Sahel depuis dix jours que je suis à Alger : je veux parler d'une visite à la Trappe de Staouéli et à la pointe de Sidi-Ferruch, à vingt-quatre kilomètres de distance de la ville.

On suit la route de Mustapha supérieur, magnifique boulevard planté de sycomores et de poivriers, qui développe ses lacets sur les flancs verdoyants du Sahel. C'est le quartier riche, élégant, fashionable. Les villas succèdent aux villas : on passe devant le palais d'Été, résidence du gouverneur général civil de l'Algérie, aujourd'hui M. Cambon. Les jardins en sont fort beaux et la vue sur la mer admirable. On prend bientôt la route d'El-Biar ; partout des oliviers, des agaves, des cactus. A Chéraga, village de 2500 habitants, la fontaine communale est surmontée du buste du maréchal Pélissier. Le vainqueur de Malakoff a l'air très surpris de se trouver dans cette position-là et le touriste, si j'en juge par moi-même, partage son étonnement.

A droite et à gauche de la route, des vignes précoces en pleine floraison : d'aucunes ont déjà des grappes de fruits bien formées et la vendange aura lieu à la fin de mai ou au commencement de juin. Une croix à gauche de la route indique la limite des terres de la Trappe et l'on ne tarde pas à arriver devant les bâtiments de l'abbaye.

Ce fut le 19 août 1843 que les premiers trappistes vinrent planter leur tente, à l'ombre des deux bouquets de palmiers dont les hauts panaches ombragent encore aujourd'hui l'entrée du monastère, entre l'avant-corps des bâtiments et le couvent proprement dit. Un arrêté du 11 juillet 1843 avait autorisé leur ordre à fonder une colonie agricole et leur avait fait une concession de 1200 hectares de terrain dans la plaine de Staouéli, sur les lieux mêmes où s'était livré le combat sanglant qui, le 19 juin 1830, ouvrit l'Algérie à la France. La première pierre du monastère a été posée sur un lit de boulets et d'obus provenant du champ de bataille.

Quand on a dépassé le seuil de l'avant-corps du bâtiment — que les femmes ne sont pas autorisées à franchir — et qu'on a pénétré dans l'abbaye, on est frappé par de nombreuses inscriptions se détachant en noir sur les murs, blanchis à la chaux, du cloître. Les unes rappellent le néant et les misères de la condition de l'homme, les autres l'excellence de la vie monastique et la douceur du silence. J'ai noté celle-ci : « S'il est triste de vivre à la Trappe, qu'il est doux d'y mourir ! »

Le silence est de règle absolue pour les trappistes et des écriteaux invitent les visiteurs étrangers à ne point parler dans les « lieux religieux » tels que « chapelle, cloître, réfectoire, dortoir, » etc. La chapelle, où un moine s'essayait à jouer de l'harmonium lorsque j'y suis entré, occupe l'aile gauche du cloître : elle n'offre rien de particulier ; au fond de la cour, au rez-de-chaussée, le réfectoire ; un frère lai mettait la table. Le repas qui se compose de légumes cuits à l'eau a lieu à midi ; le matin, les religieux reçoivent une tasse de café ou un verre de vin avec un morceau de pain ; ils en ont autant le soir, avec, en plus, du fromage ou de la salade. Leur régime est tout végétarien ; non seulement la viande, mais le poisson et les œufs en sont rigoureusement exclus.

Les dortoirs sont d'une simplicité... monacale et occupent de vastes salles, au premier étage du cloître, divisées en cellules, dont les parois de bois n'ont que deux mètres de hauteur.

Chaque cellule contient un lit de fer très étroit avec une couverture de laine grise et deux patères. Point de chaises, point de lavabo. La toilette se fait ailleurs et en commun ; pas de porte non plus : un simple rideau de toile pour fermer la baie de l'ouverture au-dessus de laquelle se trouve un numéro et le nom, je veux dire le prénom du religieux, car le trappiste n'est plus un homme et n'a plus de famille. Sur l'une de ces cellules, de tout point semblable aux autres, on lit en guise de nom ces simples mots : *R. D. Abbas*. C'est la cellule de l'abbé, personnage crossé et mitré. La bibliothèque comprend quelques milliers de volumes, surtout des livres de théologie. Des écriteaux fort nombreux indiquent aux moines les corvées du couvent et les travaux de la saison. Les trappistes de Staouéli sont présentement au nombre de cent en tout, frères lais, oblats et profès ; ces derniers ne sont que vingt-un.

A gauche du monastère, se trouve la ferme, vaste exploitation agricole, supérieurement outillée et très bien conduite par les trappistes. Les caves sont établies sur un pied grandiose et contiennent les foudres nécessaires pour une récolte de douze mille à quatorze mille hectolitres. Quatre cent cinquante hectares sont aujourd'hui cultivés en vignes. C'est la principale source de revenus de l'abbaye, et le vin rouge de la Trappe jouit d'une réputation méritée dans le pays. Les trappistes ont établi une distillerie pour la fabrication de l'essence de géranium. Vingt hectares de leurs meilleures terres sont cultivées à cet effet en géraniums à la rose (*Pelargonium inquinans*). Cette industrie prospère et donne un bon rendement.

Ajoutons que les trappistes se lèvent à deux heures du matin, se couchent à sept heures du soir et consacrent sept heures par jour à la prière et aux exercices religieux, toujours dans le mutisme le plus absolu. Il y a dans l'abbaye des hommes qui y sont depuis trente ans et plus, qui n'ont jamais échangé une parole et qui, couchant dans le même dortoir, ne se connaissent ainsi que de vue. Quel doit être leur « état d'âme » ?

Au surplus, ceux que j'ai rencontrés n'avaient pas l'air malheureux, et si l'on songe à toutes les paroles inutiles — pour ne point parler des sottises, des vilenies et des perfidies — que les meilleurs d'entre nous débitent chaque jour, on en vient à comprendre les trappistes. A Staouéli, les épidermes sensibles sont à l'abri des coups d'épingle ; et encore qui sait ? La règle de la Trappe n'interdit pas aux religieux de se regarder ; or, le langage des yeux est éloquent.

Dans le patio du cloître, autour duquel court une double rangée d'arcades au rez-de-chaussée et au premier étage, s'étend un riant jardin d'orangers et de bananiers, où les moineaux pépient joyeusement. Ce sont les seules voix qu'on entende en ce lieu étrange, vaste sépulcre où se sont volontairement ensevelis une centaine d'hommes dans la force de l'âge. « La Trappe est le tombeau où commence la vie » dit une des inscriptions murales du cloître.

* * *

On compte sept kilomètres de la Trappe à la pointe de Sidi-Ferruch. La route traverse une jolie forêt de pins. Partout les cistes blancs ou roses ouvrent au soleil leurs corolles éphémères, plus légères que les plus délicates églantines. Des genêts épineux paraissent des buissons d'or, les lavandes, les romarins, les bruyères fleurissent sur les rocailles qui bordent la route.

A Sidi-Ferruch, un fort, à enceinte bastionnée domine la mer. Sur la porte monumentale, surmontée de trophées sculptés dans la pierre, on lit l'inscription suivante :

Ici, le XIV juin M.D.CCC.XXX,
Par ordre du roi Charles X,
Sous le commandement du général de Bourmont,
L'armée française
Vint arborer ses drapeaux,
Rendre la liberté aux mers,
Donner l'Algérie à la France.

C'est à la fois simple et grand. Ces quelques lignes disent tout et le disent comme il convient.

La vue du fort est vraiment belle : la baie de Sidi-Ferruch s'arrondit à l'ouest. Les pentes du Sahel s'abaissent doucement jusqu'au littoral. Dans le lointain on aperçoit, comme une taupinière, le colossal mausolée de Juba II, roi de Maurétanie, connu depuis des siècles — sans qu'on ait jamais su pourquoi — sous le nom de Tombeau de la Chrétienne. Au nord, la Méditerranée bleue dont le flot, frangé d'écume, argente le pied des rochers sur lesquels le fort a été construit.

Nous avons regagné Alger par le village de Staouéli, Guyotville et la pointe Pescade. La route qui longe les propriétés de la Trappe est sur une grande longueur une véritable avenue de mimosas, dont les petites fleurs jaunes semblent des grains d'or étincellants au soleil. Partout de grands vignobles admirablement soignés : on n'y voit pas une mauvaise herbe entre les rangées de ceps. Çà et là des champs de fèves dont le parfum capiteux se mêle à celui des orangers et des citronniers. A Guyotville, l'un des plus beaux villages de l'Algérie, les primeurs sont cultivées en grand. De là jusqu'à Alger, où l'on rentre par la porte Bab-el-Oued, la route ne quitte plus la mer et c'est une succession de tableaux variés, le cap Caxine et son phare, les rochers fantastiquement déchiquetés de la pointe Pescade, puis Notre-Dame d'Afrique, qui profile sur le ciel bleu ses tours et ses coupoles. A la nuit nous sommes de retour à Alger, enchantés de cette excursion aussi intéressante que pittoresque.

VII

Blidah.

VII

Blidah.

Une ville parfumée. — Les orangeries de Blidah. — Le bois sacré. — Un pèlerinage de femmes arabes. — Le cimetière de Sidi-Ahmed-el-Kebir. — Les gorges de la Chiffa.

Blidah, 8 avril.

L'étranger t'appelle une petite ville (Blidah),
Et moi, Blidien, je t'appelle une petite rose (ouridah) !

disait Mohammed-ben-Yussef en parlant de Blidah, et la jolie cité mérite vraiment d'être comparée à la reine des fleurs. Elle en a le charme, l'éclat et le parfum.

La continuelle exhalaison des orangeries qui l'entourent lui fait une atmosphère embaumée. L'air qu'on respire dans la ville et ses environs est imprégné de senteurs subtiles et pénétrantes.

De véritables forêts d'orangers annoncent l'approche de Blidah au voyageur qui vient d'Alger. La ville, tapie au pied d'un contrefort de l'Atlas, à la lisière méridionale de la plaine de la Mitidja, est distante de plus d'un kilomètre de la gare. Une avenue de platanes y conduit ; la porte Bab-el-Sebt franchie, les orangers remplacent les platanes et ce magnifique boulevard traverse la ville dans toute sa longueur ou à peu près. Les uns, tout blancs de fleurs épanouies, exhalent un parfum délicieux, qui, le soir devient capiteux au point d'en être presque désagréable, tandis que les autres, chargés de fruits mûrs, font avec les premiers le plus curieux des contrastes. Souvent le même arbre, la même branche, le même rameau portent à la fois la fleur et le fruit.

Dans l'enceinte même de la ville il y a beaucoup de verdure et çà et là des jardins d'orangers. Une belle avenue de caroubiers et de platanes, court tout le long des murs de la cité. Le climat est très doux, l'air est salubre. La vue s'étend au loin sur la plaine de la Mitidja. A l'horizon, les pentes douces du Sahel et sur une crête, dans le lointain, le Tombeau de la Chrétienne, qu'on voit à d'énormes distances. Mais la « petite rose » parfumée est aussi Blidah la « courtisane, » et la population de cette ville passe pour avoir des mœurs extrêmement faciles.

* * *

A quelque trois ou quatre cents mètres de la ville, au sud-ouest, se trouve le jardin des Oliviers ou bois sacré de Blidah. ainsi nommé des koubbas, ou tombeaux de marabouts, c'est-à-dire de saints de l'Islam qui s'y trouvent. C'est un lieu charmant et propre à la rêverie. A l'ombre de grands oliviers, cinq ou six fois séculaires, deux koubbas, l'une toute blanche, sans aucun ornement, l'autre élégamment décorée de colonnettes torses et d'un revêtement de faïences colorées, fort dégradées et qui s'en vont morceau par morceau, évoquent le souvenir des siècles disparus.

Quelques oliviers peut-être millénaires, à coup sûr des vétérans parmi les plus vieux de ces arbres séculaires, paraissent dépérir lentement. Leur tronc vide et rugueux a cet air lamentable des ruines qui inspire la pitié. D'étranges nodosités en garnissent la base énorme; on voit le jour à travers leur écorce trouée et déchiquetée. Ces squelettes d'arbres projettent vers le ciel des branches gigantesques et d'immenses rameaux qui portent encore une vigoureuse frondaison. Des glycines, au tronc gros comme une jambe d'homme, les enlacent de leurs replis et mêlent au pâle feuillage de l'olivier les grappes lilas de leurs fleurs odorantes. Des lierres puissants grimpent au flanc des arbres morts. J'ai vu le bois sacré par une chaude après-midi d'avril, le jour de mon arrivée à Blidah; j'y suis retourné hier au coucher du soleil à la veille de quitter la ville parfumée. Il y règne un calme indicible. On voudrait y planter sa tente et y suivre le cours paisible de sa rêverie;

malheureusement les oliviers chargés d'années ne s'y renouvellent pas. Ils dépérissent et le jour viendra où le bois sacré ne sera plus qu'un souvenir.

※ ※
※

Nous avons remonté la vallée de l'Oued-el-Kebir, la « grande rivière », qui n'est, malgré son nom, qu'un petit torrent, jusqu'au cimetière musulman où se trouve la tombe de Sidi Ahmed-el-Kebir. Ce marabout est l'objet d'un pèlerinage fréquenté. C'était un vendredi, le deuxième depuis la fin du Ramadan, et c'est par milliers que nous avons rencontré sur la route les femmes arabes allant au cimetière ou surtout qui en revenaient. Le vendredi précédent, les hommes avaient fait ce pèlerinage : c'était aujourd'hui le tour des femmes. Il y en avait de tout âge et de toute condition : les unes, le plus grand nombre, à pied, les autres en voitures. De grands breacks en transportaient jusqu'à seize ou dix-huit à la fois. De ma vie, je n'ai vu autant de femmes musulmanes en un jour.

La route s'engage dans un ravin fort pittoresque. L'oued coule tantôt sur un lit de sable ou de gravier, tantôt à travers de gros blocs de rochers. Çà et là des lauriers roses qui doivent offrir le plus joli coup d'œil à l'époque de leur floraison. A deux kilomètres ou davantage de Blidah se trouve le cimetière. Quinze cents ou deux mille femmes sont groupées devant l'entrée, et c'est un pépiement, si je puis ainsi dire, une succession de *you-you*, l'exclamation favorite des femmes, à n'en plus finir.

Nous suivons un sentier étroit et montant et pénétrons dans le champ du repos. Les cimetières musulmans n'ont pas l'air triste et morose des cimetières chrétiens. De fait, ce sont des lieux de plaisance où les femmes se réunissent volontiers le vendredi. C'est avec le bain maure le seul lieu de distraction légitime de leur vie cloîtrée. Des caroubiers, de grands oliviers, des peupliers-trembles ombragent le fond de l'enclos gazonné. Les tombes arabes, à l'exception de celles qui sont dans les mosquées, sont toujours très simples. Deux pierres plates dressées suffisent parfois à indiquer l'une la tête, l'autre les pieds du mort. En général, c'est un carré long en maçonnerie, avec, à l'une des extrémités, un petit fût de colonne, portant un turban, et à l'autre une dalle debout couverte d'inscriptions. Souvent cette maçonnerie, creusée comme une auge est remplie de terre et diverses plantes y fleurissent. Au cimetière d'El-Katar, à Alger, ce sont surtout des fèves, ici des géraniums. Enfin, presque toujours, on voit à l'une des extrémités de la tombe, sinon aux deux, un petit trou circulaire, sorte de godet, taillé dans la pierre, pour recevoir l'eau de la pluie, et permettre aux oiseaux du ciel de s'y désaltérer. J'ai retrouvé cette coutume touchante dans tous les cimetières musulmans de l'Algérie.

Beaucoup de débris de victuailles sur et entre les tombes ; des écorces d'oranges jonchent partout l'herbe foulée, car les femmes en pèlerinage ont pique-niqué depuis le matin au cimetière. Installées sur des tombes servant à la fois de sièges et de tables, leurs grands haïks suspendus aux branches des oliviers, quelques femmes festoyaient gaiement, mangeant des pâtisseries lorsque nous sommes arrivés. Ce fut un émoi général. Adieu les soubrevestes de soie rose, les larges pantalons brochés d'or ou d'argent, les visages à l'ovale fin et régulier, tout disparut sous les grands voiles dont les femmes s'étaient débarrassées, se croyant à l'abri des regards indiscrets. Rien de curieux comme ces fantômes blancs, emmitoufflés dans leurs haïks, le visage couvert au point de ne laisser souvent voir qu'un seul œil au regard avivé par le kohl et à l'orbite agrandie par un trait d'antimoine. Cette visite au cimetière d'Ahmed-el-Kebir, par un jour de pèlerinage féminin, restera pour moi l'un des plus curieux souvenirs de mon voyage en Algérie.

* * *

La pluie froide qui est tombée avant-hier, fine et serrée, pendant une partie de la journée nous a fait prolonger de vingt-quatre heures notre séjour à

Blidah, et je m'en félicite, car nous avons pu visiter ainsi, d'une façon beaucoup trop sommaire d'ailleurs, les gorges de la Chiffa, qui méritent leur réputation.

Le ruisseau des Singes, but habituel des excursions des touristes, se jette dans l'oued Chiffa, à seize kilomètres de Blidah. On sort de la ville par la porte Bab-el-Sebt; la route, qui forme une splendide avenue ombragée de hauts platanes, traverse de vastes orangeries dont le parfum suave et pénétrant embaume l'atmosphère, se dirige à l'ouest, se rapproche bientôt des contreforts du Petit-Atlas et franchit successivement l'Oued-el-Kebir et l'oued Chiffa. On laisse à droite le village de la Chiffa pour côtoyer l'oued de ce nom en se dirigeant droit au sud, et l'on ne tarde pas à entrer dans la profonde coupure de l'Atlas, où le torrent a creusé son lit dans les rochers. Au moment de pénétrer dans la gorge, on jouit d'un magnifique coup d'œil sur la vaste et fertile plaine de la Mitidja, qui se déroule au nord, et sur les pentes verdoyantes du Sahel, et l'on entrevoit la mer sur un point.

Les gorges de la Chiffa, pittoresques et grandioses, rappellent maints passages de montagne de la Suisse. Une route excellente, admirablement établie, les traverse dans toute leur longueur — cinq lieues — et conduit à Medea et à Berrouaghia. La ligne de chemin de fer qui aboutit à cette dernière localité les parcourt aussi et passe à travers de nombreux tunnels. Le torrent bondit en écumant parfois à une grande profondeur au-dessous de la route. Les flancs de la montagne sont boisés d'oliviers sauvages, de caroubiers, de pins, de chênes-zéens qui donnent encore asile à des singes — j'en ai vu deux qui gambadaient sur les branches à quarante pas de la route. Au surplus, le touriste qui n'aura pas eu l'heur d'en rencontrer pourra se consoler en regardant à l'hôtel du Ruisseau des Singes, une collection de ces animaux brossés en grisaille avec humour par un officier artiste, M. Girardin, qui en a décoré les parois de la salle à manger de l'auberge.

VIII

De Blidah à Oran.

VIII

De Blidah à Oran.

A propos de Madagascar. — La route de Blidah à Oran. — Le Chélif.

Oran, 9 avril.

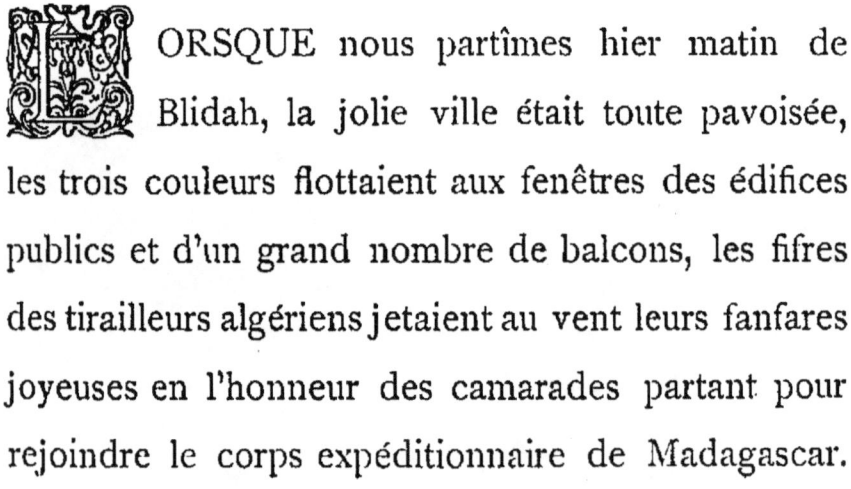ORSQUE nous partîmes hier matin de Blidah, la jolie ville était toute pavoisée, les trois couleurs flottaient aux fenêtres des édifices publics et d'un grand nombre de balcons, les fifres des tirailleurs algériens jetaient au vent leurs fanfares joyeuses en l'honneur des camarades partant pour rejoindre le corps expéditionnaire de Madagascar.

Des femmes jetaient des fleurs à leur passage dans les rues, les officiers saluaient de l'épée... Hélas ! combien d'entre ces braves « turcos » reverront-ils jamais le gourbi natal et les pentes ensoleillées du Grand-Atlas ? Deux ennemis cruels les attendent là-bas, embusqués dans la brousse : le Hova et la fièvre. Le Hova n'est pas le plus redoutable des deux. Et pourquoi les envoie-t-on mourir dans les jungles madécasses ? Quelle gloire ou quel profit espère-t-on retirer de cette expédition-là ? Il faut le demander à ceux qui en ont pris la responsabilité. Pour moi, je ne me chargerai pas de l'expliquer. Je prévois seulement que l'entreprise sera plus ardue, de plus longue durée et plus grosse de conséquences qu'on ne paraît le croire en haut lieu.

La campagne s'ouvre d'ailleurs sous de fâcheux auspices et des Romains fussent rentrés chez eux ! Un accident survenu à l'hélice du *Liban*, transportant un bataillon de la légion étrangère, a obligé ce bâtiment à rallier Marseille au départ d'Oran. Ce n'est pas la route directe de Majunga. Et voici maintenant que le *Brinkburn*, un steamer « unique, » a dû se réfugier à Messine ou à Malte pour y réparer ses avaries. Les journaux d'Algérie que j'ai parcourus ce matin disent que les Anglais l'ont fait « exprès » et somment le ministère Ribot d'ouvrir une enquête et de noliser au plus vite et à tout prix des bâtiments nationaux pour remplacer le *Brinkburn*. Ils n'oublient qu'un seul point, c'est que, si le ministère avait eu à sa disposition quelque *Brinkburn* français, il ne se fût certes pas adressé à la marine britannique pour le transport des canonnières destinées à faire comprendre aux Hovas le tort qu'ils ont de se croire chez eux à Madagascar... Mais revenons à Blidah.

* * *

La distance d'Alger à Oran est de 421 kilomètres. C'est l'affaire de douze heures et demie de chemin de fer. On part le matin ; on arrive le soir. Il n'y a qu'un train par jour. Nous l'avons pris à son passage à Blidah à huit heures et demie, et le soir à sept heures nous étions à Oran, ayant mis dix heures et demie à franchir les 370 kilomètres qui séparent ces deux localités. Sur cette ligne qui appartient à la puissante Compagnie des chemins de fer de Paris à Lyon et à la Méditerranée, les trains marchent bien et le service ne laisse rien à désirer.

La voie court tout d'abord dans la plaine de la Mitidja, longeant le pied du versant nord du Petit-Atlas jusqu'à la station d'El-Affroun, et traverse l'oued Djar, dont elle remonte la vallée sinueuse dans la direction du sud-ouest. La route est extrêmement pittoresque. Les flancs du ravin sont boisés de pins, de chênes-verts et de lentisques. La ligne s'élève rapidement ; aux montagnes verdoyantes succèdent des pentes arides, nues et laides. De la vallée de l'oued Djar la voie ferrée a passé dans celle du Bou-Halouan. Enfin, après un long tunnel sous l'Atlas, la ligne commence à descendre et l'on ne tarde pas à jouir du beau panorama de la vallée du Chélif, que domine au sud-ouest le djebel Ouaransenis.

Le Chélif est le plus long fleuve de l'Algérie, encore qu'il n'ait pas 650 kilomètres de cours. Son débit moyen de dix mètres cubes par seconde varie, selon les saisons, entre trois mètres et douze cents. La plaine d'alluvion fertile qu'il a créée ne demanderait qu'à être convenablement iriguée pour lutter de fécondité avec les meilleures terres du Tell et des hauts plateaux ; mais, pour le moment, la plus grande partie reste encore en jachère et les troupeaux de moutons, de chèvres ou de bêtes à cornes troublent seuls avec leurs gardiens indigènes la monotone solitude de cette région.

Le chemin de fer suit pendant quelque temps les berges du Chélif, qui roule des eaux jaunes et fangeuses. Je ne dirai rien d'Orléansville, sous-préfecture de la province d'Alger et chef-lieu d'une subdivision militaire, dont je n'ai vu que la gare; je ne crois pas, d'ailleurs, qu'il y ait grand'chose à en dire. On traverse un joli bois de pins au sud de la ville ; la plaine a toujours la même monotonie, on ne voit de montagnes que dans le lointain. On aperçoit bientôt les croupes du Dahra, qui sépare la vallée inférieure du Chélif du littoral de la Méditerranée. Près de Sahouria, de belles plantations d'oliviers et surtout d'orangers, dont le parfum subtil envahit nos wagons, rappellent Blidah, la « petite rose » odorante. Je remarque de grands vignobles admirablement tenus. A Perrégaux, on croise le chemin de fer à voie étroite qui du port d'Arzeu conduit à Aïn-Sefra, ligne à la fois industrielle et stratégique, qui sert à l'exploitation de l'alfa et à la pénétration de l'extrême Sud oranais. Enfin, à la nuit tombante, nous arrivons à Oran, ou plus exactement à Karguentah, où descendent les voyageurs. A la lueur des becs de gaz, je vois qu'un grand nombre de maisons sont pavoisées, comme à Blidah. C'est aussi une manifestation en l'honneur du corps expéditionnaire de Madagascar.

Aujourd'hui, pour la première fois, depuis que nous sommes en Afrique, la pluie n'a cessé de tomber dès le matin. Je n'ai encore vu d'Oran que ce que j'en vois d'une fenêtre de l'hôtel Continental, — le mieux installé, dit-on, de tous les hôtels de l'Algérie — c'est-à-dire les fortifications du Château neuf et les murs bariolés du lycée, avec, entre deux, le ravin profond de la Rouina, dont les versants étagés sont occupés par des cultures maraîchères et des vergers; au fond, un coin de mer houleuse et grise, et, sur le tout, des nuages noirs et pesants qui fondent en cataractes. Mais, en Algérie, les changements de temps sont très brusques. Dans une demi-heure peut-être, le soleil luira de nouveau et fera resplendir la nature vivifiée par la pluie bienfaisante.

En attendant, nous allons partir pour Tlemcen dans un moment. Peut-être ces pluies sont-elles locales et y échapperons nous en allant plus au sud. Nous reviendrons à Oran, à la fin de la semaine pour y passer quelques jours.

IX

Tlemcen.

IX

Tlemcen.

Tlemcen. — Quartier juif. — Djama Kebir. — Les mosquées d'Abou'l-Hassen et de Sidi-el-Haloui. — El-Eubbad. — Le tombeau, la mosquée et la medersa de Sidi Bou-Medin. — El-Ourit. — Les ruines de Mansourah.

Tlemcen, 11 avril.

TLEMCEN, la « ville des mosquées », l'ancienne capitale du Maghreb central, est l'une des cités les plus curieuses, l'une des plus pittoresquement situées, et l'une de celles que la gent toujours badaude des touristes visite le moins en Algérie. L'accès en est pourtant aisé : une ligne de chemin de fer de cent soixante-cinq kilomètres de longueur la met, depuis trois ans par Sidi-Bel-Abbès, en communication directe avec Oran.

Fondée au Ve siècle de l'hégire (XIe siècle de l'ère chrétienne) par un Almoravide, Aben Youssef-ben-Tachfin, Tlemcen n'eut longtemps d'autre histoire que celle du califat de Cordoue dont elle fut la vassale. Les Abd-el-Ouadites et les Mérinides s'en disputèrent la possession avec acharnement. A l'apogée de sa puissance, vers la fin du XIVe siècle, la population de Tlemcen dépassait cent vingt-cinq mille habitants et son territoire comprenait les provinces actuelles d'Oran et d'Alger. La décadence date de la prise d'Oran par les Espagnols, en 1509. Tlemcen gravite alors dans l'orbite castillane jusqu'au jour où, conquise par les Turcs, en 1553, la ville sainte tomba, pour près de trois siècles, au rang de chef-lieu d'un aghalik algérien. Abd-el-Kader s'en empara en 1834; le maréchal Clauzel l'occupa en 1836. Enfin, après le traité de la Tafna, Abd-el-Kader rentré en possession de Tlemcen, en fit sa capitale.

Les Français la reprirent définitivement en 1842. C'est aujourd'hui une sous-préfecture, siège d'une subdivision militaire de la province d'Oran.

La ville est située sur un plateau incliné, à une altitude moyenne de 800 mètres, au pied des rochers à peu près à pic de Lella-Setti, qui la dominent du côté du sud, dans un vaste cirque de montagnes s'ouvrant largement vers le nord et permettant, du haut du minaret de la grande mosquée, d'apercevoir la mer dans la direction de Beni-Saf. Tlemcen, malgré sa latitude assez méridionale, 34° et quelque cinquante minutes nord, a un climat qui peut être froid en hiver. Il y a neigé trois fois cette année en février et en mars. On est à la latitude de Biskra, mais il y fait moins chaud, et la végétation, d'ailleurs beaucoup plus riche, y a un tout autre caractère. Tlemcen compte aujourd'hui, en nombre rond, 30,000 habitants, dont 5000 juifs indigènes et 3600 Français.

D'immenses vergers d'oliviers, de figuiers, de noyers, d'arbres fruitiers de toutes sortes qui donnèrent à la colonie romaine de *Pomaria* son nom caractéristique font à Tlemcen une vaste et luxuriante ceinture de verdure, du milieu de laquelle émergent les remparts de la ville et les minarets élégants des principales mosquées[1]. Du nord-est au sud-est s'étendent les quartiers arabes, aux maisons construites en briques, en moëllons ou en pisé, n'ayant généralement qu'un rez-de-chaussée, aux portes carrées, plus rarement ogivales, et surmontées d'un auvent en tuiles creuses. Au nord-ouest, une ville française sans caractère ; au sud, le Méchouar, ancien palais des émirs, aujourd'hui citadelle et caserne ; à l'ouest du Méchouar et au centre de la ville, le quartier juif, dont les maisons, toujours peintes en bleu, souvent effondrées, tombent pour la plupart en ruines. Plusieurs ont été coupées en deux pour des alignements de rues nouvelles ; mais on n'a point

---

[1] Dans sa célèbre *Description de l'Afrique*, le géographe arabe Léon l'Africain a consacré à Tlemcen, quelques pages (*Telensini Regni exactissima Descriptio*) d'une observation si juste et si précise qu'à trois siècles et demi de date, je suis tenté d'y voir le meilleur *Guide* qu'un touriste puisse consulter sur cette ville.

refermé les ouvertures béantes, qui ont l'air de plaies vives. On descend dans ces maisons basses et obscures comme dans des caves. Les murs lézardés, garnis d'une végétation fort drue, s'écroulent les uns après les autres. On a peine à concevoir que des êtres humains consentent à habiter de pareils décombres. C'est le *ghetto* le plus misérable et le plus sordide qu'on puisse imaginer, et l'existence de ce quartier, qui n'est pas la moindre curiosité de cette étrange ville, rappelle éloquemment les avanies, les vexations et les persécutions sans nombre auxquels les juifs ont été si longtemps en butte de la part des Arabes.

Aujourd'hui, les fils d'Israël ont pris leur revanche et, s'ils continuent à habiter dans des sous-sols indescriptibles, dans la rue ils tiennent le haut du pavé. Dans les affaires aussi. Et il ne faut pas chercher ailleurs la cause du mouvement antisémite qui va croissant chez les Algériens. Les Arabes ont en outre pour les juifs la haine et le mépris que l'oppresseur conserve pour sa victime, à laquelle il ne pardonne

7*

pas le mal qu'il lui a fait subir. Ici, les juifs portent en général le costume turc, en noir ou en bleu foncé, remplaçant le turban par une casquette française et complétant cet habillement par des bas blancs et des souliers. Les juives, qu'elles soient vêtues comme des Européennes ou qu'elles aient gardé l'élégant costume des Mauresques, ne sortent dans la rue qu'enveloppées d'un châle rouge qui les fait reconnaitre de loin. Quant aux enfants, la plupart n'ont qu'une chemise pour tout costume ; ils vivent dans la rue, barbotent dans les ruisseaux, font des pâtés de boue comme les petits chrétiens et ignorent encore la malédiction qui pèse sur leur race.

※ ※
※

J'ai donné plus haut le nom de « ville des mosquées » à Tlemcen. C'est là une épithète en quelque sorte homérique que je serais tenté d'employer toujours en en parlant. A l'époque de la conquête française, la ville et sa banlieue immédiate ne comptaient en effet pas moins de soixante et une mosquées. La plupart servent encore aujourd'hui au culte musulman. Ce sont les plus belles de l'Algérie. Ce n'est, il est vrai, pas beaucoup dire, mais j'ajouterai que quelques-unes d'entre elles soutiennent la comparaison avec les chefs-d'œuvre de l'architecture arabe que l'Espagne doit aux Maures de Grenade et de Cordoue.

Djama Kebir, la grande mosquée, date du XIIIme siècle. Le pavement d'une partie de la cour, celui qui est adjacent au vaisseau principal de l'édifice, mérite une mention spéciale. Il est fait de larges dalles d'un marbre blanc translucide auquel on donne communément le nom d'onyx algérien et qui provient des carrières d'Aïn-Tekbalet, à une trentaine de kilomètres au nord de Tlemcen. C'est une pierre magnifique, d'un grain très fin, susceptible d'un beau poli. La fontaine aux ablutions au centre de la cour est également en onyx algérien. Les arcades ogivales qui l'entourent à l'est et à l'ouest se relient directement à celles qui soutiennent les plafonds de l'intérieur de la mosquée, qui est divisée en treize nefs par des pilastres au nombre de soixante-douze. L'ogive du mihrab est finement ornée d'élégantes arabesques. Le grand lustre en bois de cèdre recouvert de lames de cuivre a un diamètre de deux mètres cinquante. On l'allume pour la cérémonie de la circoncision, ou pour parler comme l'Arabe qui m'accompagnait, pour la célébration du « baptême musulman ». Le dallage disparaît entièrement sous les épaisses nattes de Tlemcen, faites en alfa et en laine tissés ensemble, admirables paillassons doux au pied — on n'entre que déchaussé dans l'intérieur des mosquées — et ayant l'air de tapis de Turquie. Le minaret de la grande mosquée, de forme quadrangulaire comme la plupart de ceux des mosquées d'Algérie, est construit en briques et orné sur ses quatre faces de colonnettes en marbre et revêtu de mosaïques en terre cuite vernissée. L'escalier qui conduit à la plateforme ne compte pas moins de cent trente marches.

La petite mosquée d'Abou'l-Hassen, vrai bijou

de l'architecture arabe, qui date du XIIIme siècle, servit de magasin à fourrage après l'occupation de Tlemcen en 1842, avant d'être convertie, il y a quelque trente ans, en école arabe-française. L'intérieur est divisé en trois travées par des arcades en fer à cheval supportées par six colonnes en onyx d'Algérie. Le plafond en bois de cèdre est délicatement sculpté et les arcades sont décorées d'arabesques et d'inscriptions diverses du plus beau travail. Lorsque j'ai visité cette *medersa* (école) quatre-vingt-dix garçons, depuis des bambins de cinq ou six ans jusqu'à de grands jeunes gens, étaient en classe, groupés dans le même local, sous la direction de plusieurs maîtres et occupés selon leur âge à faire des exercices de calcul ou à apprendre à écrire.

Au sud de la place de la Mairie et en face de la grande mosquée se trouve l'Hôtel de Ville, qui renferme un petit musée où l'on a réuni des inscriptions et divers fragments d'architecture trouvés à Tlemcen ou dans les environs. Les arabisants peuvent y lire l'épitaphe sur onyx du tombeau de Boabdil (Abou-

Abdallah-ben-Abdou-Nasser), dernier roi de Grenade, mort dans l'exil à Tlemcen, au mois de Chaaban de l'an 899 de l'hégire (juin 1494), deux ans et demi après la célèbre capitulation qui mit fin à la domination des Maures en Espagne. Pour moi, je n'ai pu malheureusement qu'admirer la beauté de la pierre et l'élégance de la ciselure.

Je dois une mention aussi à la mosquée de Sidi-el-Haloui, située en dehors des murs — Tlemcen est entouré d'une enceinte bastionnée — non loin de la porte Bab-el-Djiad, au pied du rempart nord-est. Cette mosquée offre en beaucoup plus petit à peu près la même disposition que Djama Kebir, et les arcades de la travée principale reposent sur huit colonnes du plus bel onyx, dont les chapiteaux sont admirablement sculptés. Le minaret est décoré d'arcades revêtues de faïences, malheureusement fort dégradées. Le mausolée, plus que simple, de Sidi-el-Haloui est ombragé par un caroubier séculaire qui abrite les murs blancs de l'édifice du dôme puissant de son feuillage. Mais la plus belle des mosquées de Tlemcen n'est pas à Tlemcen: c'est celle de Sidi Bou-Medin, à El-Eubbad.

12 avril.

El-Eubbad se trouve à deux kilomètres environ au sud-est de Tlemcen. On sort de la ville par la porte de Bou-Medin. La route traverse un vieux cimetière musulman; plusieurs koubbas aux murs crénelés blanchis à la chaux, sont du plus pittoresque effet sous les oliviers et les caroubiers séculaires qui les ombragent. D'autres koubbas, et c'est le plus grand nombre, sont entièrement ruinées, entre autres celle d'Abou-Ishak-Ibrahim-el-Tiyar, savant marabout du XIIIe siècle, auquel on attribue une foule de miracles, en particulier celui de se transporter par enchantement d'un lieu à un autre, d'où le nom d' « homme volant » (El-Tiyar) sous lequel il est connu.

Au delà du cimetière, un chemin montant, mauvais, raviné, conduit à El-Eubbad au milieu des caroubiers, des agaves — auxquels les touristes, sur la foi des guides, s'obstinent à donner le nom d'aloès — et d'énormes cactus à raquettes. Le village, accroché aux flancs de la montagne, est dans une position charmante, au sein d'un fouillis de verdure sous lequel ses maisons basses, aux toits en terrasse, disparaissent à la lettre. Ce ne sont partout qu'oliviers, figuiers, grenadiers, lierres énormes et de tous côtés des ruisseaux d'eau vive qui alimentent cette exubérante végétation.

Au point culminant du village, que l'on atteint par un sentier rapide et peu commode, se trouvent la koubba ou tombeau de Sidi Bou-Medin, la mosquée qui porte son nom et la *medersa* placée sous son vocable. Les trois édifices méritent une étude attentive, car ils sont au nombre des plus intéressants monuments de l'Islam. L'Algérie n'en offre aucun autre qui leur soit comparable.

Sidi Bou-Medin naquit, vers l'an 1126, à Séville, dont il fréquenta les écoles. Il termina ses études scientifiques et religieuses à Fez et professa successivement à Bagdad, à Séville, à Cordoue et à Bougie. Il mourut à l'âge de soixante-quinze ans, à Pont de l'Isser, non loin de Tlemcen, laissant la réputation d'un grand savant et d'un saint, et fut enterré à El-Eubbad. Le sultan Mohammed-en-Nasser, successeur d'El-Mansour, qui l'avait appelé à Tlemcen, éleva à sa mémoire, au XIIIe siècle, le mausolée qui subsiste encore aujourd'hui.

On arrive à la koubba en descendant par plusieurs marches dans une petite cour carrée à arcades, supportées par des colonnes en onyx d'Aïn-Tekbalet. Sous un dôme percé d'étroites fenêtres, dans deux châsses en bois sculpté, recouvertes d'étoffes lamées d'or et d'argent et de drapeaux de soie richement brodés, reposent, depuis plus de six siècles et demi, la dépouille mortelle de Sidi Bou-Medin et de son disciple préféré Sidi Abd-es-Selam-et-Tounin. Des lanternes arabes délicatement ouvragées, des œufs d'autruche, des cierges sont suspendus au-dessus des tombeaux qu'éclaire une lumière discrète filtrant à travers des vitraux de couleur et laissant apercevoir aussi... une grande pendule de cuisine, don de M. l'inspecteur des monuments historiques! C'est un beau meuble sans nul doute, et qui a du style; mais *non erat hic locus*.

En face de la koubba, de l'autre côté du chemin, s'élève la mosquée. Le portail en arcade, du meilleur style mauresque, est décoré de mosaïques en faïence et d'inscriptions arabes. Un escalier de onze marches conduit, sous une coupole, à une massive porte en bois de cèdre entièrement revêtue d'épaisses lames de cuivre ciselé. Les barres et les anneaux servant de serrure, ainsi que les gonds, sont en cuivre superbement travaillé. « Il n'y a pas, dans le monde entier, de porte aussi belle que celle-ci! » me disait avec enthousiasme un Arabe... qui ne connaît pas le baptistère de Florence; mais je dois convenir que la porte de la mosquée de Sidi Bou-Medin est une véritable merveille. L'intérieur répond à ce qu'on attend d'une pareille entrée.

La cour est tout entière dallée en faïence : au centre, la vasque de marbre des ablutions et, sur tout le pourtour, une galerie en arcades soutenue par une élégante colonnade. L'intérieur de la mosquée est formé par huit travées d'arcades du même genre, dont les moulures en plâtre sont des chefs-d'œuvre et m'ont rappelé la décoration du patio de *Las Muñecas*, à l'Alcazar de Séville.

Tandis que j'admirais les colonnes d'onyx et les sculptures en dentelles du mihrab, j'entendais un rossignol — ces oiseaux sont très nombreux aux environs de Tlemcen — qui, sur un figuier du voisinage, jetait à plein gosier ses trilles amoureux. Le minaret carré, placé à droite du portail de la mosquée, a un beau revêtement de mosaïques en faïence. On monte à la plateforme, du haut de laquelle le muezzin fait, cinq fois par jour, l'appel à la prière, par un bon escalier de quatre-vingt-douze marches d'un accès facile. La vue dont on jouit de ce belvédère est vraiment grandiose : on a sous les yeux, à ses pieds, El-Eubbad, dans son nid de verdure, la ville de Tlemcen, les minarets de Mansourah et d'Agadir, les villages d'Aïn-el-Hout, de Négrier, de Safsaf, bien d'autres encore à demi cachés dans les arbres, la vallée de la Tafna, les montagnes s'étageant les unes derrière les autres et, dans le lointain, au nord, du côté de Beni-Saf, on aperçoit ou l'on devine, à l'horizon, la mer Méditerranée qui se confond avec le ciel.

Le collège ou *medersa* de Sidi Bou-Medin, sorte de faculté de théologie musulmane, fondée en 1347 par Abou'l-Hassen, est contigu à la mosquée. Le bâtiment, qui offre la même disposition que la mosquée elle-même, a malheureusement beaucoup souffert du temps. Les sculptures et les moulures détériorées par l'humidité n'ont pu être restaurées. Sous la galerie à arcades, qui court de deux côtés du patio, s'ouvrent les cellules destinées aux élèves et cette construction curieuse est d'autant plus intéressante que les *medersa* datant du moyen âge sont fort rares.

*
* *

A huit kilomètres, au sud-est de Tlemcen, se trouvent de magnifiques cascades connues sous le nom arabe d'El-Ourit, qui signifie la chute d'eau (ou cascade), et qui sont formées par l'oued Safsaf. On sort par la porte de Bou-Medin. La route zigzague en lacets, descendant au flanc de la montagne, au milieu des oliviers, des caroubiers, des figuiers, qui font à Tlemcen la verdoyante ceinture dont j'ai déjà parlé. Au-dessous de la cascade, près du pont sur le Safsaf où passe la route de Sidi-Bel-Abbès et que domine le pont du chemin de fer, un café maure, très rustique, établi dans une anfractuosité de rochers, ne manque pas de couleur locale. Du pont, on embrasse d'un seul coup d'œil la plus grande partie de la cascade, formée de plusieurs sauts de hauteurs très diverses par lesquels l'eau du torrent se précipite en écumant dans un fouillis de végétation luxuriante.

Le cirque de rochers d'El-Ourit offre un coup d'œil des plus grandioses et le Safsaf grossi par les pluies de ces derniers jours était en beauté avant-hier, lorsque nous y sommes allés.

Les buts de promenades et d'excursions pittoresques abondent d'ailleurs aux environs de la ville. Ainsi, Agadir, l'ancienne Tlemcen, construite sur l'emplacement de la colonie romaine de Pomaria et dont il ne reste rien qu'un minaret de mosquée, haut de plus de cinquante mètres, qui se dresse isolé dans un verger. Près d'Agadir, un bois ombreux et frais qui, malgré le nom prétentieux et ridicule de Bois de Boulogne qu'on lui a donné, n'en est pas moins charmant. Rien de gracieux comme les blanches koubbas, cachées sous le feuillage des térébinthes séculaires, branchus, touffus, aux puissantes ramées et dont quelques-uns ont des dimensions colossales. J'en ai vu deux, entre autres, dont trois hommes n'auraient pu embrasser le tronc.

* * *

Je n'ai rien dit encore des ruines de Mansourah. Ce n'est cependant pas le souvenir le moins intéressant que j'emporte des environs de Tlemcen.

En 1299, Abou-Yakoub, le Mérinide, ayant commencé le siège de Tlemcen qui devait durer huit ans et trois mois, construisit dans son camp, un palais pour sa résidence ; de nombreux édifices s'élevèrent bientôt dans l'enceinte militaire et, en 1302, le sultan fit bâtir une solide muraille autour de la ville naissante destinée, dans sa pensée, à remplacer Tlemcen. La cité improvisée reçut de son fondateur le nom d'El-Mansourah (la Victorieuse). La prospérité de cette ville fut grande, mais de courte durée. Elle exista vingt-six ans. Lorsque les Beni-Zeiyan eurent reconquis leur capitale, en 1328, ils détruisirent en Mansourah le témoignage éclatant de leurs précédentes défaites. Il ne reste aujourd'hui de la Victorieuse qu'un minaret à demi ruiné et une partie du mur d'enceinte. Tels qu'ils sont, ces vestiges font le plus saisissant effet.

On sort de Tlemcen par la porte de Fez, en laissant à gauche le Saharidj, ou grand bassin, contigu au mur d'enceinte, vaste réservoir bétonné construit au XIVe siècle, d'une contenance de dix-huit mille mètres cubes, inutilisé aujourd'hui par le fait d'une fuite qui n'a jamais pu être trouvée. A deux kilomètres et demi de la ville, on voit à gauche de la route une arche en fer à cheval, remise à neuf il y a peu d'années, qui faisait partie du mur de circonvallation élevé par Abou-Yakoub, en 1299, au début du siège de Tlemcen. Cinq cents mètres plus loin, commence l'enceinte de Mansourah dont je viens de parler.

Cette muraille, d'un développement de quatre kilomètres, bâtie en moëllons et en pisé, haute de douze mètres, embrasse un périmètre de cent hectares en forme de trapèze. De distance en distance, s'élevaient des tours crénelées. Le mur a presque partout disparu, mais les donjons subsistent tous, plus ou moins ruinés, éventrés et démolis à l'intérieur, ayant encore grand air au dehors, et permettant de reconstituer entièrement la topographie de l'éphémère cité. Des maisons de la ville, il ne subsiste rien; seul le minaret de la mosquée, haut de quarante mètres, est encore debout sur un mamelon central: il n'en reste toutefois que la façade nord: la partie sud s'est écroulée. Dans sa hâte de voir terminer sa mosquée, Abou-Yakoub-el-Mansour avait eu recours à des ouvriers juifs ou chrétiens et les musulmans fidèles assurent que la partie du minaret aujourd'hui détruite est celle à laquelle travaillèrent ces mécréants.

Quoi qu'il en soit, la commission des monuments historiques a fait consolider, par une restauration intelligente, les restes de ce minaret qui offre cette particularité curieuse, d'être percé d'une arcade monumentale, servant d'entrée principale à la mosquée. Ce fait, unique en son genre dans l'architecture mauresque, donne aux ruines de cette mosquée une ressemblance avec quelques églises romanes dont le porche est sous le clocher et trahit une influence chrétienne dans la construction de cet édifice. Le mur en pisé de la mosquée, percé de treize portes, subsiste encore.

Près de six siècles se sont écoulés.

El-Mansourah, qui devait être la rivale de Tlemcen

n'existe plus qu'à l'état de souvenir. Seuls, des murs croulants, des donjons mutilés et la moitié d'un minaret témoignent encore aujourd'hui de la gloire passagère de la Victorieuse. Tlemcen elle-même n'est plus qu'une sous-préfecture française. Un petit village de quelque trois cents colons européens, construit dans la partie nord de l'enceinte, porte ce nom de Mansourah, qui retentissait comme une fanfare, et le touriste errant sous les oliviers séculaires, contemporains peut-être d'Abou-Yacoub et d'Abou'l Hassen, les grands sultans qui dorment oubliés de l'histoire, songe au néant des choses d'ici-bas et de la gloire qui vient des hommes.

X

Oran et la campagne oranaise.

X

Oran et la campagne oranaise.

Oran. — Mers-el-Kebir et son phare. — Aïn-el-Turk. — La plage des Andalous. — « C'est qu'il pense à Grenade ! » — Misserghin. — Guiard (Aïn-Tolba.) — Une colonie dauphinoise protestante.

Oran, 17 avril.

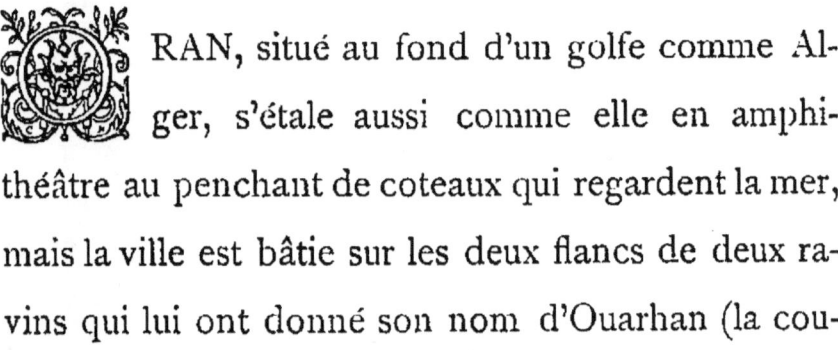RAN, situé au fond d'un golfe comme Alger, s'étale aussi comme elle en amphithéâtre au penchant de coteaux qui regardent la mer, mais la ville est bâtie sur les deux flancs de deux ravins qui lui ont donné son nom d'Ouarhan (la cou-

pure). Au centre, s'élèvent les puissantes fortifications castillanes du Château-Neuf. On sait, en effet, qu'Oran, conquis en 1509 par les Espagnols, demeura en leur pouvoir jusqu'en 1792, sauf pendant une période de vingt-quatre ans, de 1708 à 1732. La longue durée de cette domination a imprimé son cachet à la ville. Si, à Oran, l'on est encore, à la fois, en Afrique et en France, on y est aussi et surtout en Espagne, notamment dans la ville basse. Sur une population totale de quatre-vingt mille habitants, Oran compte à peine vingt mille Français et neuf mille indigènes. Les juifs y sont neuf mille et les Européens de diverses nationalités plus de quarante mille, dont trente-cinq mille Espagnols. A se promener dans les rues, on pourrait se croire dans quelque ville de l'Andalousie, car les femmes y ont les cheveux noirs, les yeux en escarboucle et souvent le costume des Sévillanes. Les juives étalent partout la richesse de leurs robes brochées d'or et d'argent. De rares Arabes, qui circulent, graves et hautains, ramenant d'un grand geste les plis de leur burnous sur leurs épaules, paraissent dépaysés dans la foule bruyante, affairée ou insouciante qui emplit les boulevards.

Oran comprend d'ailleurs deux cités fort distinctes, sans parler d'un village nègre assez considérable, englobé dans l'agglomération urbaine : la vieille ville espagnole qui s'étend à l'ouest du Château-Neuf jusqu'à la mer et la ville nouvelle qui, grandissant chaque jour, a fini par rejoindre le faubourg de Karguentah. De toutes les villes de l'Algérie, Oran est celle qui prend aujourd'hui le développement le plus considérable. Son port tient le premier rang au double point de vue des importations et des exportations ; Alger vient en seconde ligne pour les importations et en troisième pour les exportations, Philippeville venant sous ce dernier rapport au deuxième rang, comme je l'ai dit précédemment. Oran n'offre d'ailleurs pas grand intérêt au touriste ; mais il y a quelques très belles excursions à faire dans les environs, notamment à Mers-el-Kebir et à Aïn-el-Turk.

*
* *

On sort de la ville par le fort de la Moune ; la route, taillée dans le roc vif, longe la mer en corniche : on passe près d'un petit établissement thermal dit le Bain de la Reine, du nom de Jeanne, fille d'Isabelle la Catholique, qui y fit de fréquentes visites, et, après avoir traversé le village de Saint-André, on atteint Mers-el-Kebir, le « grand port » des Arabes, le *Portus Divinus* des Romains, qui, longtemps le seul port des côtes ouest de l'Algérie, a perdu aujourd'hui toute importance commerciale depuis l'achèvement du port d'Oran. Mers-el-Kebir est demeuré rade militaire et c'est là que mouille l'escadre, qui ne saurait entrer dans le port d'Oran.

Samedi, lorsque j'ai passé pour la première fois à Mers-el-Kebir, deux voiliers, — un brick de commerce battant les trois couleurs italiennes et une barque pontée ayant l'*Union Jack* à son mât, — étaient seuls à y mirer leurs pavillons dans les eaux bleues de la rade. Une forteresse, sise sur une pointe rocheuse qui s'avance dans la mer, défend l'entrée de la baie d'Oran proprement dite.

Un phare s'élève à l'extrémité du fort qu'il faut traverser pour y arriver. On ne peut le faire — cela se conçoit — sans une permission. Je n'en avais point; mais l'officier qui commandait nous donna courtoisement l'autorisation qui nous manquait et nous avons pu, Madame de C. et moi, jouir du haut du phare — lequel domine la mer de trente-quatre mètres — d'un admirable panorama, sur la baie, de Mers-el-Kebir à la pointe de Canastel et sur le golfe d'Oran lui-même, qui, du cap Falcon, à l'ouest, à la pointe de l'Aiguille, à l'est, n'a pas moins d'une trentaine de kilomètres d'ouverture. Au centre, les maisons d'Oran s'étagent en amphithéâtre au pied du Djebel Santon — couronné par le fort Santa-Cruz et la tour de la Vierge — dont la silhouette hardie et accidentée est du plus pittoresque effet; plus loin le djebel Mourdadjo; à l'est, le djebel Khar ou montagne des Lions, qui a un faux air de Vésuve écrasé.

Ce panorama splendide, moins connu et moins vanté que celui de la baie d'Alger, lui est peut-être supérieur par la beauté des lignes; mais il n'a pas l'aspect riant et gracieux que donne à la capitale de l'Algérie la magnifique végétation qui l'entoure. Ici, les montagnes sont nues; seuls, les palmiers nains en recouvrent les pentes, et la campagne aux environs d'Oran, là où elle n'est pas cultivée, est aride et désolée. Le phare de Mers-el-Kebir est de quatrième classe; son feu, fixe, a une portée de huit milles nautiques. Un escalier en colimaçon, de quatre-vingt-quinze marches, conduit à la lanterne.

Sept kilomètres séparent Aïn-el-Turk de Mers-el-Kebir. La route continue en corniche le long de la mer, avant d'atteindre, par une pente douce, le village peuplé de sept ou huit cents colons, qui est situé près de la plage dite des Andalous, parce que c'est sur ce point que débarquèrent, en 1492, les premiers Maures chassés de Grenade.

La chute de Grenade qui produisit dans toute la chrétienté une vive et joyeuse allégresse, causa une véritable stupeur dans le monde musulman. Les Arabes d'Afrique se refusèrent longtemps à admettre l'authenticité de la fatale nouvelle; puis il leur fallut se rendre à l'évidence, et alors pendant bien des années, chaque vendredi, on pria, dans toutes les mosquées du Maghreb, pour la restauration de la royauté de Boabdil. Aujourd'hui encore, après quatre cents ans, lorsqu'un Arabe est en proie à une tristesse, sans cause apparente : « C'est qu'il pense à Grenade ! » disent les musulmans fidèles et la persistance de ce dicton, encore qu'il n'y ait là qu'un simple proverbe, est pour donner à réfléchir.

Ici les terres en friche et les parois des rochers sont couvertes de fleurs aux vives couleurs, grands chrysanthèmes jaunes, lavandes, soucis, épervières de différentes espèces, petits iris violets, glaïeuls pourpres, coronilles éclatantes, qui font un tapis multicolore troué çà et là par les taches sombres des touffes de palmiers nains, d'arbousiers, de genévriers et de lentisques.

* *
*

A quinze kilomètres au sud-ouest d'Oran se trouve la jolie petite ville de Misserghin ou Mserr'in. On s'y rend par la route nationale d'Aïn-Temouchent qui passe à Eckmühl et longe le polygone d'artillerie. Nous y sommes allés le lundi de Pâques, qui est la fête oranaise par excellence. La circulation était intense sur tout le parcours où l'on rencontrait les véhicules les plus invraisemblables. L'Algérie, soit dit en passant, paraît être le lieu d'élection de toutes les vieilles voitures hors d'usage de France et de Navarre, tapissières, breacks, coucous, berlingots, pataches, etc. Rien n'y manque : la collection est complète. Le polygone était noir de monde. On y faisait aller des cerfs-volants, on y dansait sur l'herbette, on y dînait en joyeuse compagnie, cela par le plus beau temps qu'on puisse imaginer. Les journaux du lendemain ont estimé à plus de trente mille le nombre de ceux qui sont allés fêter le lundi de Pâques hors de ville, au polygone, à Misserghin ou sur la côte, à Saint-André.

Misserghin possède de grands établissements catholiques, orphelinats, asiles de vieillards, refuges, etc., et d'importantes pépinières dont les allées étaient envahies par des *lundistes* des deux sexes. Nous ne nous en sommes pas moins longtemps promenés dans les belles orangeries et les palmeraies qui occupent une superficie de cinquante-cinq hectares. Les religieux qui dirigent ces pépinières livrent chaque année, tant à l'administration qu'aux particuliers, plus de quarante mille pieds d'essences forestières ou fruitières de différentes sortes.

***

Une voie ferrée, qui se détache à la Senia, à six kilomètres d'Oran, de la ligne d'Alger, conduit à Aïn-Temouchent en suivant de plus ou moins près la rive nord de la Sebkha ou grand lac salé. Ce bassin, d'une superficie de trente-deux mille hectares — quatre mille de plus, en nombre rond, que n'en compte le canton de Genève tout entier — se dessèche d'une manière absolue chaque été, laissant à découvert une prodigieuse quantité de cristaux salés qu'on exploite régulièrement. Aïn-Temouchent, situé à 76 kilomètres au sud-ouest d'Oran, à l'altitude de 253 mètres, au milieu de plaines fertiles qui sont loin d'être toutes défrichées, paraît destiné à un grand avenir agricole. Une bonne route conduit à Beni-Saf, petit port de la région de la basse Tafna.

A six kilomètres d'Aïn-Temouchent, on voit sur une hauteur, à quelque distance de la route, le village des Trois-Marabouts — ainsi nommé sans doute parce qu'il s'y trouve *cinq* blanches koubbas de marabouts. Une douzaine de familles protestantes, originaires des Hautes-Alpes, y sont établies depuis plusieurs années. Plus loin, Aïn-Tolba (la fontaine des lettrés), appelé aujourd'hui Guiard, est un centre protestant dauphinois, plus important. J'y suis allé hier pour rendre visite à M. le pasteur Benjamin Tournier — dont le nom est bien connu à Genève — qui remplit depuis quatre ou cinq ans, dans ce coin perdu de l'Algérie, une belle et noble mission volontaire, toute de dévouement et de charité chrétienne.

Guiard, situé à l'altitude de 350 mètres ou à peu près, à seize kilomètres d'Aïn-Temouchent, sur un plateau fertile, salubre et aéré, d'où l'on voit à l'ouest le profil des montagnes du Maroc, et au nord la ligne bleue de la Méditerranée, est un village de quarante-cinq feux, composé de trente-une familles protestantes venues pour la plupart des Hautes-Alpes et de quatorze familles catholiques. Guiard dépend de la commune d'Aïn-Kial, mais posséde déjà, en prévision de la future constitution du village en commune, un bâtiment municipal comprenant une mairie (vacante), une salle d'école, un petit temple servant au culte réformé et un appartement de deux pièces — c'est-à-dire une chambre à coucher et une cuisine — dont M. Tournier a la jouissance.

Cet homme excellent — bien secondé par sa vaillante compagne, qui partage sa vie de privations — a eu à lutter contre les difficultés de tous genres provenant, les unes de l'imprévoyance du comité parisien qui a dirigé un peu à l'aventure l'émigration des protestants des Hautes-Alpes sur ce point de l'Algérie — il ne suffit pas d'être animé de bonnes intentions pour être administrateur — les autres, du mauvais vouloir des autorités locales, qui voyaient d'un œil peu favorable et peut-être jaloux l'établissement d'une colonie animée de sentiments religieux positifs et, qui pis est, protestants. Cléricaux et libres penseurs sont partis en guerre plus ou moins ouverte contre le digne pasteur.

J'ai vu plusieurs des colons de Guiard. Ils m'ont fait une excellente impression. Ce sont de braves gens, pour la plupart pieux, actifs et travailleurs; peut-être pourraient-ils être plus « débrouillards ». Ils vénèrent leur pasteur comme leur père — en quoi ils ont grand'raison. Les mauvais éléments — il y en a toujours dans les débuts d'une colonie — sont retournés en France et ont été avantageusement remplacés à Guiard par quelques familles protestantes de la Haute-Loire et de l'Ardèche.

Quant à M. Tournier, il a l'air joyeux de l'homme qui accomplit avec succès une besogne utile qu'il s'est imposée à lui-même. Je n'oublierai pas de longtemps la chaleureuse cordialité de son accueil. J'ai pris congé de lui, plein d'admiration pour ce pasteur des disséminés, qui, à un âge où volontiers on cherche à se reposer, n'a pas hésité à assumer une tâche lourde et difficile dont il s'acquitte avec l'enthousiasme d'un jeune homme et la foi d'un apôtre.

XI

Départ d'Oran. — Conclusion.

XI

Départ d'Oran. — Conclusion.

Départ d'Oran. — Réflexions à bâtons rompus sur la colonisation en Algérie. — Arabes et Français. — L'Arabe ne paraît pas assimilable. — Faiblesse de l'immigration. — Malaise général et antisémitisme. — Les juifs. — Les protestants. — Les Algériens. — L'œuvre accomplie par la France. — Au lecteur.

> A bord du paquebot-poste *Isaac-Pereire* de la Cie générale transatlantique, 18 avril, 8 heures du matin, au large de l'île Formentera.

ORAN, les vapeurs de la Compagnie transatlantique accostent à même le quai. Rien de plus agréable pour les passagers, au départ comme à l'arrivée. Mais ce n'est pas sans compliquer l'ap-

pareillage : nous en avons fait l'expérience hier au soir.

Avant que de prendre sa route, le navire, pour pouvoir manœuvrer, doit forcément changer de position, ce qui ne peut s'opérer qu'au moyen du cabestan, en tirant sur deux amarres fixées l'une sur le quai, l'autre sur la jetée qui lui fait face. La rupture d'un câble de neuf centimètres de diamètre, qui se brisa comme une ficelle d'épicier, ramena le vapeur le long du quai, et, sans la présence d'esprit du commandant, une avarie se fût certainement produite. Nous en fûmes quittes pour un retard d'une heure. C'est à 6 heures seulement que l'*Isaac-Pereire* a pu quitter le port...

...Ce matin, il pleut à verse ; le ciel est uniformément gris, la mer est monotone ; à bâbord, les falaises droites de Formentera paraissent d'une hauteur démesurée sous les nuages qui les voilent à demi ; plus loin, les rives sinueuses d'Iviça se perdent dans la brume. D'Oran à Marseille, la distance est de 1028 kilomètres : c'est une traversée de trente-huit heures si tout va bien. Le pont glissant manque de charmes. J'ai du temps devant moi. Ne serait-ce pas le moment de jeter encore un rapide coup d'œil sur cette belle Algérie qui me laissera de si intéressants souvenirs ? Je n'ai pas, d'ailleurs, — cela va de soi — la prétention de porter un jugement sur ce pays pour y avoir voyagé pendant six ou sept semaines. Ce ne sont donc que de simples impressions ; mais les impressions de bonne foi d'un homme à qui sa qualité de Suisse n'impose qu'un devoir, celui de l'indépendance d'opinion et de l'impartialité dans les appréciations.

* *
*

— Eh bien ! Monsieur, que pensez-vous de notre France africaine, demandait, il y a un quart de siècle, à Alger, le maréchal de Mac-Mahon, alors gouverneur général de l'Algérie, à un Genevois qui venait de parcourir une partie de la province de Constantine.

— Je pense, répondit notre compatriote, je pense

à tout ce que les Anglais auraient fait de ce pays s'il leur eût appartenu !...

Le vainqueur de Magenta abrégea l'entretien.

Les Anglais eussent-ils vraiment tiré un meilleur parti de l'Algérie que n'ont fait, depuis 1830, les Français ?

C'est une question que je me suis, je l'avoue, souvent posée pendant ces six ou sept dernières semaines, comparant involontairement et à tout bout de champ la colonisation algérienne avec ce que je connais de la colonisation britannique pour l'avoir vue à l'œuvre au nouveau monde et dans l'extrême Orient. Je confesse mon impuissance à y répondre, sinon par un grand point d'interrogation. Les Anglais eussent procédé autrement que n'ont fait les Français, cela me paraît probable. Les résultats seraient-ils meilleurs ? J'incline à l'admettre. Cependant qui oserait l'affirmer ?

La France s'est trouvée, dès le début de la colonisation, en face d'une difficulté que l'Angleterre n'a peut-être pas encore rencontrée dans l'immense étendue de son empire d'outre-mer, et qui était de nature à compromettre ou tout au moins à entraver la réussite de l'œuvre entreprise, je veux parler de la résistance armée des Arabes.

* * *

Les Arabes, fils des conquérants d'autrefois, ont lutté avec un héroïsme sauvage contre les envahisseurs de 1830 qui ont dû conquérir l'Algérie pouce après pouce, pierre après pierre. Ç'a été une guerre de dix-huit années qui, terminée sur un point, recommençait ailleurs au moment où l'on s'y attendait le moins.

La grande et sombre figure d'Abd-el-Kader, le marabout qui proclama la guerre sainte contre les Français et fut l'âme de la résistance des musulmans, domine la scène jusqu'en 1847. Après la soumission de l'émir, l'Algérie était française; mais elle donna lieu encore à mainte expédition sanglante, entre autres, pour conquérir la Kabylie. Puis des insurrections locales fréquentes dont une, celle-de

1871, prit des proportions considérables et s'étendit aux Arabes et aux Kabyles des deux provinces de Constantine et d'Alger retardèrent forcément l'essor de la colonisation. En 1879 il y eut une grave insurrection dans l'Aurès et en 1881 dans le Sud oranais.

Aujourd'hui encore, si les tribus sont entièrement soumises, on ne saurait dire qu'elles soient ralliées. « Allah, disent les Arabes, est le maître de l'heure ! » De quelle heure s'agit-il donc ? Oh ! tout simplement de celle où les Arabes pourront enfin rejeter les chrétiens et les juifs dans cette Méditerranée bleue sur les flots de laquelle ils sont venus en Algérie. C'est leur rêve caressé, et ils ne s'en cachent point. Ils attendent l'heure : seulement — et c'est un grand point — ils ne font rien pour en hâter la venue; ils ne comptent plus que sur Allah. Mais la France se voit obligée d'entretenir aujourd'hui encore une armée de soixante mille hommes en Algérie.

Entre l'Arabe et le *roumi* il y a, en effet, un fossé qui paraît infranchissable et sur lequel, quoi qu'on en ait dit, aucun pont n'a pu être jeté. La cause en est, comme je l'écrivais de Biskra, toute religieuse et morale, et les efforts même du gouvernement pour franciser en quelque sorte le culte musulman en le hiérarchisant de façon à le rattacher à l'État, ont eu simplement pour résultat d'enlever au clergé de l'Islam une influence qui appartient aujourd'hui aux confréries religieuses, lesquelles échappent entièrement à l'action gouvernementale.

Le cardinal Lavigerie avait fondé un établissement pour l'éducation des jeunes filles arabes. Prises en bas âge, élevées avec soin, les « filles de l'archevêque, » comme on les appelait, donnaient les plus belles espérances... Or, elles sont toutes revenues à l'Islam ou bien ont mal tourné. Il n'y a guère d'exemple de conversion sincère d'un Arabe. Le mépris inné du musulman pour le *roumi* s'y oppose et lorsque, par impossible, un mahométan paraît accepter le christianisme, c'est tout simplement pour prendre une religion au rabais, si j'ose ainsi dire, et avec laquelle il voit des accommodements. On est enfermé dans un cercle sans issue apparente. L'Arabe n'est pas assimilable parce qu'il est musulman, et le christianisme est sans aucune prise sur lui.

Si l'on pouvait avoir accès auprès des femmes — ce qui avec le harem et l'organisation de la famille arabe est impossible — il en serait peut-être autrement. Ce que femme veut, Dieu le veut, dit le proverbe; mais, outre qu'ici la femme ne paraît pas le vouloir, l'homme, lui, ne le veut certainement pas. « Plutôt que d'envoyer jamais mes filles dans l'une de tes écoles, disait dernièrement à un Français un chef arabe de la province d'Oran, je les tuerai de mes propres mains! »

L'idée de l'égalité de la femme et de l'homme paraît aux Arabes une folie et une monstruosité impie que condamnent également la loi religieuse et la loi de la nature. Ce n'est pas chez eux que le mouvement féministe trouvera des adhérents, et les prêcheuses d'égalité n'auraient aucun succès en voulant persuader la femme arabe qu'elle est une victime de la tyrannie masculine « Et s'il me plaît à moi d'être battue! » lui répondraient en chœur toutes les Martine de l'Islam, qui, pourtant...

L'assimilation des Arabes aux Français écartée comme une utopie, et personne ne songeant plus aujourd'hui, je me plais à le croire, à exterminer les indigènes pour prendre violemment leur place, quelle solution donner à la question coloniale algérienne? Je n'en vois guère d'autre que celle du refoulement graduel des Arabes vers le sud par l'afflux croissant des Européens. Et c'est bien ce à quoi l'on tend depuis un quart de siècle ; malheureusement, et c'est là peut-être le point le plus sombre de la colonisation, ce qui serait facile et s'opérerait de soi-même, par la seule force des choses, avec un puissant courant d'immigration, n'est pas aisé, étant donné le petit nombre des Français qui, chaque année, vont s'établir en Algérie. Car, il est inutile de vouloir se le dissimuler, ce nombre est dérisoire et va diminuant sans cesse. Il ne s'élève pas aujourd'hui à 250 par an[1].

---

[1] « Les départs pour l'Algérie de Français désireux de s'y fixer ont été en 1878 de 870 ; en 1879 de 649 ; en 1880 de 352 ; en 1881 de 231 seulement. Nous ne savons si

* *
*

Soixante-cinq ans après la prise d'Alger, les Européens ne sont pas cinq cent mille en Algérie, dont 273,000 Français seulement, tandis que les musulmans y sont trois millions et demi et les juifs indigènes environ 50,000. Aujourd'hui encore, dans la province d'Oran, les étrangers — surtout les Espagnols — y sont beaucoup plus nombreux que les nationaux. La plus belle des colonies, qui n'est éloignée que de vingt-quatre à vingt-six heures de mer de la métropole, n'attire pas les colons.

Et pourtant, pris dans son ensemble, le sol y est très fertile, le climat généralement sain, les conditions de la vie n'y diffèrent pas essentiellement de celles de la mère patrie, et j'en suis à me deman-

la décroissance a continué, nous n'avons pu nous procurer de renseignements officiels; de renseignements officieux, il semble résulter que le nombre de 231 n'a pas progressé.. » (M. Tiétard, vice-président de la Société de géographie de Tours. *Congrès national des sociétés françaises de géographie, XV*me *session.* Lyon, 1894).

der si la proximité même où l'Algérie se trouve de la métropole ne nuit pas à son développement en excluant en quelque sorte les « établissements sans esprit de retour » qui sont l'une des conditions de toute colonisation fructueuse. Ajoutez à cela qu'il est plus aisé de décider une jeune Anglaise, mariée de la veille, à partir pour les îles Fidji avec son mari que de persuader une Batignollaise de suivre son époux à Alger, et vous aurez peut-être l'une des causes essentielles de l'infériorité colonisatrice de la France. Ce n'est pas avec des fonctionnaires, fussent-ils tous de premier choix, célibataires, qu'on forme une colonie, qui, par sa nature, devrait être une colonie de peuplement.

Les affaires ne vont pas brillamment en Algérie; aussi chacun se plaint-il peu ou prou; chacun s'en prend à quelque chose — ce qui ne sert à rien — ou à quelqu'un — ce qui est souvent injuste. Aujourd'hui, ce sont les juifs qui sont cause de tout le mal. L'antisémitisme fleurit et prospère du Tell au Sahara. Et cependant, ce ne sont pas les Européens, mais les Arabes, qui auraient le plus de motifs de récriminer. La constitution de la propriété individuelle, inconnue autrefois chez l'Arabe, a causé sa ruine. L'intention du gouvernement était bonne et généreuse, sans nul doute, mais irréfléchie. Avec la propriété collective de la tribu, dont l'individu n'avait que sa part — inaliénable — de jouissance, l'Arabe conservait son indépendance, car il ne pouvait ni vendre, ni hypothéquer la terre. Du jour où, sans l'avoir demandé, il est devenu propriétaire foncier, il a été la proie des usuriers. Trouvant à emprunter, il a usé du crédit nouveau et inespéré qui s'offrait à lui. Ç'a été le commencement de sa ruine. Insouciant et paresseux, ne songeant jamais à payer les intérêts de sa dette, bien moins encore à en rembourser le capital, il s'est vu, *sans y avoir rien compris,* dépouillé de son bien par un créancier qui n'était pas toujours un Israélite. Si l'antisémitisme pouvait avoir une excuse, c'est en Algérie, chez l'indigène, qu'il l'aurait.

L'Arabe ne pardonne pas à la France le décret

du 26 octobre 1870, par lequel la Délégation du gouvernement de la Défense nationale (M. Ad. Crémieux) a naturalisé en bloc tous les israélites indigènes, et parmi les Européens, ils sont chaque jour plus nombreux ceux qui demandent l'abrogation de cette mesure, peut-être intempestive, mais qui a grandement contribué à l'assimilation des juifs en en faisant des citoyens français. Et c'est bien ce qui exaspère les antisémites qui, avec une légèreté coupable, fomentent la haine des races. C'est jouer avec du feu près d'une poudrière. Quoi qu'il en soit, la *Libre Parole* est peut-être le journal français le plus répandu en Algérie; par contre, le *Temps* et les *Débats* y sont introuvables, et les ayant demandés à un kiosque à Oran, je me suis attiré cette verte réponse: « Nous ne tenons pas ces feuilles-là! » Je me suis humblement excusé.

Ce n'est d'ailleurs pas seulement du juif que l'Algérien mange chaque matin en lisant son journal — et pourtant, mis au pied du mur, il conviendra que, sans les fils d'Israël, la vie aurait été pendant cinquante ans et serait encore aujourd'hui dans certaines contrées de l'Algérie parfaitement impossible aux Européens — on commence à dauber sur le compte des protestants.

Les grands progrès faits en Algérie par le protestantisme, qui y est proportionnellement beaucoup plus nombreux et peut-être plus vivant qu'en France, offusquent à la fois et les coryphées de la libre-pensée et ceux du cléricalisme militant. L'Église réformée d'Algérie, fondée en 1837 à Alger par Jean-François Sautter, de Genève, ancien pasteur à Marseille, qui en fut longtemps le seul ministre, a été reconnue officiellement par ordonnance du roi, en 1839. Elle compte aujourd'hui dix-huit pasteurs en titre, sans parler de quelques auxiliaires et ses progrès sont constants. *Inde iræ.* En outre, depuis sept ans, une mission de l'Union chrétienne des jeunes gens d'Angleterre ayant commencé — d'ailleurs sans aucun succès — une œuvre d'évangélisation parmi les Arabes et les Kabyles, il n'en a pas fallu davantage pour ameuter tous les roquets de la presse algérienne contre les protestants et le protestantisme, prévenus du crime le plus grand, celui qui ne se pardonne pas, d'être affiliés à l'Angleterre, l'ennemie héréditaire...

En vérité, si je n'en avais été attristé et même écœuré, j'eusse bien ri à la lecture de certaines élucubrations à ce sujet. Voici l'argumentation, à laquelle je me reprocherais de rien changer : on a trouvé, paraît-il, en Kabylie, des douilles de cartouches de fabrication anglaise ; les agents de l'Union chrétienne des jeunes gens sont Anglais, donc, ces messieurs fournissent des armes aux indigènes, *ergo*, les protestants sont des traîtres. Sus aux réformés et expulsons les missionnaires anglais ! Un député d'Oran devra même porter — s'il ne l'a déjà fait — la question à la tribune de la Chambre. Pourra-t-il vraiment parler sans rire ?

* *

La colonisation algérienne n'a pas de plus grand adversaire que l'Algérien lui-même, qui déblatère sans cesse contre le pays, les hommes et les institutions. Les journaux locaux — à de rares exceptions près — ne font que s'invectiver. A les entendre on croirait qu'il n'y a rien à faire dans cette terre d'Afrique et qu'il ne reste vraiment plus qu'à amener le pavillon tricolore et à s'en aller. Mais ce ne sont là que des mots, de ces mots dont — le soleil aidant — on se grise dans le Midi, car, ne l'oublions pas, Alger est au sud de Tarascon et de Marseille.

La rivalité des provinces n'est pas non plus sans nuire à l'Algérie. Ce sont les compétitions locales qui ont toujours retardé l'établissement d'un chemin de fer de pénétration, à voie normale, dans la région saharienne. Tout milite en faveur du prolongement de la ligne de Biskra jusqu'à Touggourt et Ouargla. L'opposition d'Alger est parvenue jusqu'ici à l'empêcher. Pourquoi ? Parce que la ligne profiterait surtout à Constantine et à Philippeville et préjugerait le point de départ du chemin de fer transsaharien.

Et pourtant la construction du Biskra-Ouargla ferait plus pour l'avenir économique du Sahara algérien que ce fameux Transsaharien lui-même, cette ligne quasi mythologique dont on parle toujours et à laquelle personne, je crois, ne pense sérieusement.

On remarque que le nombre des caravanes soudanaises à destination de l'Algérie diminue d'année en année. Arrivées à Ouargla elles se dirigent pour la plupart maintenant sur Ghadamès et Tripoli afin d'éviter les bureaux des douanes françaises d'El-Oued et de Biskra. Admirables résultats du protectionnisme douanier [1] ! On y remédierait en grande partie

---

[1] « La cause primordiale du détournement des caravanes vers le Maroc et vers la Tripolitaine n'est pas la suppression de l'esclavage en Algérie, ni l'hostilité existant entre Touareg et Chaamba, mais bien le régime douanier de l'Afrique française du nord.

« Grâce à l'établissement d'un poste de douane à El-Oued et ailleurs, il s'est créé dans le Sahara cette légende que les caravanes sont dépouillées à leur entrée en Algérie. On a l'habitude de considérer les Touareg comme des pillards, des coupeurs de route : à leurs yeux, c'est nous au contraire qui avons ce rôle et une caravane se risquant sur le territoire algérien va au-devant de sa perte....

« ... Il en résulte que le commerce français ne peut

en portant de Biskra à Ouargla la tête de ligne du chemin de fer. Mais qui y songe?

Est-ce l'effet du hasard? est-ce l'influence du climat? est-ce le contact de l'Arabe indolent et paresseux? mais l'Algérien a volontiers un laisser-aller — je ne parle pas du relâchement des mœurs, qui est grand — une insouciance et souvent une imprévoyance qui sont pour surprendre. Un exemple entre beaucoup d'autres. L'invasion du phylloxéra dans le Midi de la France fut une cause de fortune pour plusieurs viticulteurs algériens. La vigne étant

lutter sur les marchés du sud contre la concurrence anglaise, allemande, et autrichienne qui tient toutes les maisons de Gabès à Tripoli. A tel point qu'aujourd'hui, malgré les bordj avancés, malgré toutes les missions, malgré les efforts faits, les Anglais ferment pratiquement le Sahara à la pénétration commerciale par l'Algérie....»
(Lettre de M. A. Fock, dans le *Compte-rendu des séances de la Société de géographie* (de Paris) n° 9. Séance du 3 mai 1895).
Ces réflexions me paraissent d'une grande justesse. Il y a cependant lieu d'observer que le commerce anglais ne fait que profiter très légitimement d'une situation que la France a créée elle-même au détriment du commerce de l'Algérie.

d'excellent rapport, chacun, qui le put, en planta. Ce fut une frénésie. Qu'arriva-t-il ? Les vignobles du Midi se reconstituèrent. Entre temps, plus de cent mille hectares avaient été plantés en vigne en Algérie, et aujourd'hui la bordelaise de vin rouge qui se vendait, il y a peu d'années, quarante-cinq francs dans la province d'Oran, ne vaut plus vingt francs. C'est un désastre ; mais il était aisé de le prévoir. Les malheureux colons ont fait ainsi plusieurs dures écoles.

Un point sur lequel tous ceux avec qui j'en ai parlé, dans l'Oranie aussi bien que dans la province de Constantine, sont d'accord, c'est l'insuffisance des concessions de terres. Avec dix-huit ou vingt hectares, trente au maximum, un homme ayant famille ne peut pas se tirer d'affaire. Il est obligé d'emprunter et c'est le commencement de sa ruine. Et pourtant, ce ne sont pas les terres domaniales qui manquent et il serait si facile de doubler l'étendue des lots. Les formalités sont multiples et lentes, la pédanterie bureaucratique de l'administration est partout la même. Le système des concessions prête d'ailleurs le flanc à bien des critiques, surtout en ce qu'il ouvre la porte toute grande au favoritisme. C'est le régime de l'arbitraire le plus complet.

Et je ne dis rien des trop fréquents changements d'orientation dans la direction des affaires ni de la rivalité constante du pouvoir civil et du pouvoir militaire qui parfois semblent n'avoir d'autre but que de se contrecarrer l'un l'autre. Il y aurait un bien amusant chapitre à écrire sur ce dernier sujet. Tout cela, on le conçoit, n'est pas pour attirer l'immigration, qui seule pourrait transformer ce pays en faveur duquel la mère patrie a tant fait, car les sacrifices de la France pour l'Algérie, en hommes et en millions, sont immenses.

*
* *

Qu'on cherche à se rappeler, pour un instant, ce qu'était l'Algérie en 1830 et qu'on regarde ce qu'elle est aujourd'hui, et l'on n'aura plus qu'un sentiment de sincère admiration pour l'œuvre accomplie par la France. Il y a soixante-cinq ans à peine, le littoral algérien n'était tout entier qu'un repaire de forbans et — on a de la peine à le croire aujourd'hui — les chrétiens qui tombaient entre leurs mains étaient réduits en esclavage, souvent massacrés, parfois mutilés auparavant. Maintenant on voyage en toute sécurité à quelque quatre ou cinq cents kilomètres de la côte. La civilisation européenne a été réimplantée par la France sur le vieux sol africain qui était redevenu barbare, et le patrimoine de l'humanité s'en est accru d'autant.

C'est peut-être par le réseau de grandes routes dont elle l'a doté que la France a bien réellement conquis, plus encore que par les armes, le sol de l'Algérie. Il n'y avait en 1830 dans tout le territoire de la Régence, comme aujourd'hui dans le Maroc, que des pistes de bergers ou de caravanes. Proportionnellement à sa population, l'Algérie a maintenant plus de routes carrossables que la France elle-même, et si les voies secondaires laissent encore à désirer, les grandes routes larges, solidement établies et bien entretenues forment un réseau admirable atteignant les confins du désert et pénétrant même sur quelques points, assez avant dans le Sahara.

J'en parle en connaissance de cause, n'ayant pas fait moins de six cent vingt-neuf kilomètres en voiture découverte en Algérie pendant ces six dernières semaines. Sous ce rapport on peut comparer, comme l'a fait, je crois, M. Élisée Reclus, l'œuvre accomplie par les Français en un demi-siècle à celle de sept siècles d'occupation romaine.

L'Algérie a d'immenses ressources agricoles, industrielles, minières, encore inutilisées. Mais c'est probablement l'agriculture, et en particulier l'élevage du bétail, la sylviculture, la culture des céréales et la culture maraîchère, qui sont ses principales richesses : c'est donc de ce côté que devrait se porter toute la sollicitude gouvernementale, puisque aussi bien le colon français n'a guère d'initiative personnelle que celle que lui donnent les autorités. On a cependant attendu soixante années avant de créer à Alger un simulacre de station agricole!

Et malgré tout, je crois que ce pays a un très grand avenir économique devant lui. Les efforts faits ne seront pas stériles et finiront par produire de bons résultats. Que manque-t-il donc à l'Algérie pour prospérer? Des colons pour peupler son territoire encore désert sur une grande étendue, un peu plus d'esprit de suite, moins de routine et d'incurie administratives de la part des autorités. On parviendra certainement et dans un avenir peut-être rapproché à réaliser ces desiderata. « Le peuple, dit un proverbe arabe, ne demande que deux choses, la pluie et la justice. » L'une donne le pain, l'autre la paix sans laquelle il ne saurait y avoir ni progrès, ni colonisation. Allah dispense la première, c'est au gouvernement de la République à assurer la seconde.

En mer, même date, 3 heures après midi,
au large de Majorque.

Cependant, les Pithyouses ont depuis longtemps disparu dans la brume. A tribord, Majorque développe, à quelques encâblures du navire, le profil accidenté de sa côte rocheuse. Il pleut toujours. Le ciel est brouillé, le temps « pourri » suivant l'expression pittoresque du commandant, et la mer grise et clapotante commence à devenir houleuse. Voici vingt et une heures que nous naviguons. Encore dix-huit heures, et, s'il plaît à Dieu, nous serons demain matin avant 9 h. à Marseille...

* * *

Je n'ai plus, au moment de poser la plume, qu'à demander au lecteur de m'accorder le bénéfice des circonstances atténuantes pour ces pages écrites hâtivement, au jour le jour, un peu à la diable, sans nul souci de la forme, parfois à l'angle d'une table d'auberge après douze heures de route, au bruit des conversations auxquelles je prenais part.

Peut-être ces notes se ressentent-elles plus que je ne le pensais de leur rédaction improvisée.

Si, néanmoins, un lecteur indulgent les a lues jusqu'au bout, je lui en sais gré, sans le connaître; s'il y a trouvé quelque intérêt, je n'aurai pas entièrement perdu mon temps et ma peine. Qui que tu sois, je te remercie, ami lecteur ! *Vale et me ama!*

IMPRIMERIE AUBERT-SCHUCHARDT

REY & MALAVALLON, Successeurs

18, RUE DE LA PÉLISSERIE, 18

GENÈVE

A LA MÊME LIBRAIRIE

Numa Droz, ancien président de la Confédération. Études et portraits politiques.................. 7 50

— Essais économiques 7 50

E. Yung. Sous le ciel breton................. 3 50

E. Bessire. En Bretagne................... 3 —

E. de Amicis. Emmanuel Philibert à Pignerol, trad. de l'italien........................... 2 50

L'Armée suisse, texte de MM. les colonels E. Frey, Feiss, Wille, Schumacher, Lochmann, de Grenus, Keller, Ziegler et Potterat. 36 planches en couleurs par D. Estoppey................... 30 —

Pour les tout Petits, poésies pour les enfants. 1 50

Ph. Monnier. Vieilles femmes............... 3 50

Th. Flournoy, professeur à l'Université de Genève. Des phénomènes de synopsie (audition colorée). 6 —

M. Thury. Le chômage moderne, causes et remèdes........................... 2 50

Une femme de diplomate. Vie et lettres de la baronne Bunsen. Traduit de l'anglais............ 6 —

www.ingramcontent.com/pod-product-compliance
Lightning Source LLC
Chambersburg PA
CBHW071940160426
43198CB00011B/1476